PHILOSOPHIE

ET

POLITIQUE

DE BÉRANGER

PAR

PAUL BOITEAU

Auteur de la brochure *Erreurs des Critiques de Béranger*.

PARIS

PERROTIN, LIBRAIRE-ÉDITEUR

41, RUE FONTAINE-MOLIÈRE, 41

1859

CATALOGUE

DE LA LIBRAIRIE

PERROTIN

41, rue Fontaine-Molière, 41

DERNIÈRES CHANSONS

DE P. J.

DE BÉRANGER

DE 1834 A 1851

AVEC UNE LETTRE ET UNE PRÉFACE DE L'AUTEUR

Un volume in-8 cavalier. — Prix : 6 fr.

Lorsque les gravures préparées pour les dernières Chansons seront terminées, elles se vendront également par livraison ou en un album dont le prix n'est pas encore fixé.

MA BIOGRAPHIE

OUVRAGE POSTHUME DE P. J.

DE BÉRANGER

AVEC UN APPENDICE

DEUXIÈME ÉDITION AUGMENTÉE D'UN GRAND NOMBRE DE NOTES INÉDITES DE BÉRANGER SUR SES CHANSONS

ORNÉE D'UN CROQUIS DE BÉRANGER EN PIED, DESSINÉ PAR CHARLET

Un vol. in-8 cavalier. — Prix : 6 fr.

ŒUVRES POSTHUMES DE BÉRANGER

DERNIÈRES CHANSONS ET MA BIOGRAPHIE

Deux volumes in-18. Chaque volume. . . . . 3 fr. 50 c.

Un seul volume in-32. . . . . 3 fr. 50 c.

PHILOSOPHIE ET POLITIQUE DE BÉRANGER

PAR PAUL BOITEAU

Un volume in-8. — Prix ; 3 fr. 50 cent.

LES
VIERGES DE RAPHAËL

COLLECTION
DE DOUZE MAGNIFIQUES GRAVURES AU BURIN SUR ACIER

Les Vierges de Raphaël, ces douze chefs-d'œuvre légués au monde chrétien par le peintre immortel, reproduites et gravées par nos meilleurs artistes et mises à la portée de tous par la modicité des prix, sans exemple jusqu'ici : telle est la publication, aujourd'hui terminée, que nous offrons au public.

Ces estampes, dont la place est marquée partout, sont, plus que toutes autres, dignes de l'attention des amateurs, soit qu'on les garde reliées en un livre magnifique, soit qu'on les encadre pour orner un cabinet ou un salon.

LISTE DES VIERGES DE RAPHAËL
SE VENDANT SÉPARÉMENT :

Le Mariage de la Vierge (*Milan*).	La Vierge au Poisson (*Madrid*).
La Belle Jardinière (*Paris*).	La Vierge aux Candélabres (*Londres*).
La Vierge à la Chaise (*Florence*).	La Sainte Famille (*Paris*).
La Vierge au Voile (*Paris*).	La Madone de Saint-Sixte (*Dresde*).
La Vierge au Donataire (*Rome*).	La Sainte Cécile (*Bologne*).
La Vierge d'Albe (*Saint-Pétersbourg*).	La Sainte Marguerite (*Paris*).

PRIX DE CHAQUE ESTAMPE DE 30 CENTIMÈTRES DE HAUTEUR SUR 21 DE LARGEUR :

Papier blanc.	7 fr. 50	Épreuves d'artiste tirées à 25 ex. . 60 fr. »
Papier de Chine.	10 »	Avant la lettre, tirées à 120 ex. . 40 »

LES PERSONNES QUI PRENDRONT L'OUVRAGE COMPLET RECEVRONT :

1° Un carton destiné à contenir toutes les livraisons de l'ouvrage; 2° des Notices explicatives sur chaque tableau; 3° une *Notice sur la Vie et les ouvrages de Raphaël;* 4° le Portrait de Raphaël, gravé sur acier, par M. Panier.

LE MARIAGE DE LA VIERGE, estampe de **35** centimètres de hauteur sur **26** de largeur, coûte le double des prix énoncés ci-dessus (**15 fr.**) pour les personnes qui ne prennent pas la collection complète.

MÉMOIRES
DU MARÉCHAL MARMONT
DUC DE RAGUSE
de 1792 à 1851
IMPRIMÉS SUR LE MANUSCRIT ORIGINAL DE L'AUTEUR
AVEC
LE PORTRAIT DU DUC DE REICHSTADT, CELUI DU DUC DE RAGUSE
ET QUATRE FAC-SIMILE
DE CHARLES X, DU DUC D'ANGOULÊME, DE L'EMPEREUR NICOLAS, DU DUC DE RAGUSE
ET DEUX CARTES

Neuf forts volumes in-8. — Prix de chaque volume. . . . . 6 fr.

ŒUVRES
DE BÉRANGER

Nouvelle édition, *revue par l'auteur*, contenant les DIX CHANSONS publiées en 1847, le FAC-SIMILE d'une lettre de Béranger; ill. de 52 grav. sur acier, d'après CHARLET, DAUBIGNY, JOHANNOT, JACQUE, GRENIER DE LEMUD, PAUQUET, PINGUILLY, RAFFET, DE RUDDER, SANDOZ, par les artistes les plus distingués, et d'un beau portrait d'après nature par Sandoz. 2 vol. papier cavalier. Broché. Prix. . . 28 fr.

Demi-reliure, tranches dorées. 38 fr. »
Publiées en 56 livraisons. Chaque livraison . . . . » 50 c.
L'ouvrage est complet.

MUSIQUE DES CHANSONS DE BÉRANGER

5e édition, revue et corrigée, contenant les airs anciens et modernes et ceux des chansons publiées en 1847, l'air de *Notre Coq*, disposé par M. HALÉVY, pour piano, à 2 ou 4 voix, et les airs pour le *Juif errant* et les *Souvenirs du Peuple*, par madame MAINVIELLE FODOR. 1 vol. in-8° cavalier de 300 pages. . 6 fr. »

Publiée en 12 livraisons de 24 pages, à . . . . » 50 c

ALBUM BÉRANGER, PAR GRANDVILLE

80 dessins gravés sur bois, imprimés sur très-beau papier et formant un volume grand in-8° cavalier. . . . . 10 fr.
Ces bois ne font pas double emploi avec les aciers.

DIX CHANSONS
DE P. J. DE BÉRANGER

PUBLIÉES EN 1847

COMPLÉMENT DES ÉDITIONS PARUES AVANT CETTE ÉPOQUE

In-8 cavalier. — Prix: 1 fr. 50 cent.

NOUVELLE ÉDITION REVUE ET CORRIGÉE
MÉMOIRES ET CORRESPONDANCE POLITIQUE ET MILITAIRE
DU ROI JOSEPH

PUBLIÉS, ANNOTÉS ET MIS EN ORDRE

Par A. DU CASSE, aide de camp de S. A. I. le Prince Jérôme Napoléon.

Cette publication est une des plus importantes qui aient paru depuis bien longtemps. On comprend quelles données nouvelles fournit à l'histoire contemporaine un livre qui ne renferme pas moins de HUIT CENTS LETTRES inédites de Napoléon, de DOUZE CENTS du feu roi Joseph, et de CINQ A SIX CENTS des personnes les plus considérables de la République, du Consulat et de l'Empire. — Cet ouvrage forme dix forts volumes in-8.

Prix de chaque vol. . . . . 6 fr.

SOUVENIRS D'UN VOYAGE EN SIBÉRIE

PAR

CHRISTOPHE HANSTEEN

Directeur de l'Observatoire de Christiania.

1 fort vol. in-8, avec une Carte itinéraire dressée par l'auteur. Prix. . . . 6 fr.

HISTOIRE DES VILLES DE FRANCE

Avec une introduction et un Résumé général pour chaque province, par M. ARISTIDE GUILBERT et une société de membres de l'Institut, de Savants, de Magistrats, d'Administrateurs, etc., ornée de 88 magnifiques gravures sur acier par ROUARGUE, de 133 armoiries coloriées des villes, et d'une carte de France par provinces.

Six vol. grand in-8° jésus, publiés en 184 livraisons à 50 cent. — L'ouvrage complet : 92 fr. — Chaque volume se vend séparément. . . . . . 15 fr. 50 c.

JOURNAL D'UN VOYAGE AUX MERS POLAIRES

EXÉCUTÉ A LA RECHERCHE DE SIR JOHN FRANKLIN, EN 1851 ET 1852

PAR J. R. BELLOT

Lieutenant de vaisseau, chevalier de la Légion d'honneur.

Précédé d'une notice sur la vie et les travaux de l'auteur, par M. J. LEMER, et accompagné d'une carte des régions arctiques, d'un fac-simile de l'écriture de l'auteur et de son portrait gravé sur acier. Un vol. in-8°. Prix. . . . 6 fr.

ŒUVRES DE BÉRANGER

Contenant les 10 chansons publiées en 1847. 2 v. gr. in-18, pap. vélin.   7 fr.
LE MÊME, 1 vol. in-32. Prix. . . . . 3 fr. 50 c.

MACAULAY

HISTOIRE D'ANGLETERRE

Histoire du règne de Jacques II, traduit de l'anglais par le baron JULES DE PEYRONNET.

2 forts volumes in-8°. — Chaque volume. . . . . 5 fr.

VIENT DE PARAÎTRE

MACAULAY

HISTOIRE DU RÈGNE DE GUILLAUME III

Pour faire suite à l'*Histoire de la Révolution de 1688*, traduit de l'anglais par AMÉDÉE PICHOT.

5 volumes in-8° — Prix de chaque volume. . . . . 4 fr.

HISTOIRE DE LA GAULE

Sous l'administration romaine, par Amédée Thierry, *membre de l'Institut;*
4 forts volumes in-8°. Prix de chaque volume. . . . . 6 fr.
3 volumes sont en vente, le 4e et dernier paraîtra prochainement.

HISTOIRE DE MON TEMPS

Première série : Règne de Louis-Philippe. Seconde république : 1830-1851.
Par le vicomte de Beaumont-Vassy. 4 vol. in-8°. Chaque volume. . . . 6 fr.
L'ouvrage est complet.

DICTIONNAIRE DE L'ARMÉE

Ou Recherches historiques sur l'art et les usages militaires des anciens et des modernes, par le général Bardin, auteur du *Manuel d'infanterie,* du *Mémorial de l'officier d'infanterie,* membre de l'Académie des sciences de Turin, collaborateur du complément du *Dictionnaire de l'Académie française,* du *Dictionnaire de la conversation,* de l'*Encyclopédie des gens du monde,* etc., etc. Ouvrage terminé sous la direction du général Oudinot de Reggio. 8 vol. grand in-8°, formant 5,337 pages à 2 colonnes. . . . . 119 fr.

M. le Ministre de la guerre, appréciant le mérite de cet ouvrage, l'a signalé à l'armée par une **Circulaire du 26 février 1851, autorisant les Conseils d'administrations à en faire l'acquisition.** Le livre de M. le général Bardin, fruit de vingt-cinq années d'études et d'une expérience personnelle incontestée, est à la fois l'Encyclopédie des hommes de guerre, le traité pratique dont tout le monde a besoin aujourd'hui, et le livre, populaire par excellence, qui fait aimer l'armée en la faisant connaître.

MÉTHODE B. WILHEM — MANUEL MUSICAL [1]

A l'usage des colléges, institutions, écoles et cours de chant. Méthode graduée pour le chant élémentaire et la lecture musicale, également applicable dans les écoles religieuses et laïques. Ouvrage adopté par l'Institut de France, approuvé et recommandé par le Conseil de l'Université, adopté par le Comité central d'instruction primaire de la Ville de Paris, et par la Société pour l'instruction élémentaire. Divisé en deux cours.

La méthode complète forme 2 vol. in-8°. Prix, brochés . . . 9 fr. 50 c.
Premier cours, 1 vol. in-8°. . . . . 5 fr. »
Second cours, 1 vol. in-8°. . . . . 4 fr. 50 c.
Se publient en 15 livrais. de 32 à 40 pages. Prix de chaque. . » 65 c.

LA MÊME MÉTHODE IN-FOLIO, GRANDS TABLEAUX DE LECTURE MUSICALE, par B. Wilhem, sixième édition.
Premier cours, 50 feuilles in-folio, avec Guide de la Méthode. . 8 fr. »
Deuxième cours, 45 feuilles in-folio. . . . . 6 fr. »
Indicateur vocal collé sur bois avec clefs et notes mobiles. . . 4 fr. 50 c.

[1] Les élèves des écoles communales qui reçoivent deux leçons par semaine achèvent le premier cours en six ou huit mois, et dès lors ils font partie de l'Orphéon.

ORPHÉON — RÉPERTOIRE DE MUSIQUE VOCALE

EN CHŒUR, SANS ACCOMPAGNEMENT INSTRUMENTAL, à l'usage des jeunes élèves et des adultes, composé de pièces inédites et de morceaux choisis dans les meilleurs auteurs, par B. WILHEM, ouvrage adopté pour les établissements universitaires par le conseil de l'Université, et adopté par le Comité central de l'instruction primaire de la ville de Paris pour toutes les écoles communales. — 9 vol. in-8°. Chaque vol. de 200 pages. . . . . 4 fr. »
Il se publie aussi en 108 livr. Chaque livraison de 16 pages. . . » 35 c.

RECUEIL DES COMPOSITIONS COURONNÉES

PAR L'UNIVERSITÉ DE FRANCE (en 1847), ouvrage adopté par l'Université. 1 vol. in-8° de 150 pages de musique. Prix. . . . . 3 fr. 50 c.

DE L'HUMANITÉ

DE SON PRINCIPE ET DE SON AVENIR, par PIERRE LEROUX. 2e édition. 2 vol. in-8°. Prix. . . . . 10 fr.

TRAITÉ DU WHIST, par DESCHAPELLES. 1 vol. in-12. . . . . 5 fr.

HISTOIRE DE LA RÉVOLUTION FRANÇAISE

Par LOUIS BLANC, 10 vol. in-8°, papier vélin.
Neuf volumes sont en vente. Chaque volume. . . . . 5 fr.

POËME DU CID

Texte espagnol, accompagné d'une traduction française de notes, d'un vocabulaire et d'une introduction, par DAMAS HINARD.
Un volume in-4°. Prix. . . . . 20 fr.

NOUVELLES PUBLICATIONS

DU CHANT CHORAL

Par LAURENT DE RILLÉ. 1 vol. in-18. Prix. . . . . 1 fr.

LA FAMILLE CAXTON

Par sir ÉDOUARD LYTTON BULWER; seule traduction complète, par AMÉDÉE PICHOT. 2 vol. in-8°. Prix. . . . . 10 fr.

GRAND PORTRAIT

DE BÉRANGER

De 36 centim. de haut sur 28 de large

DESSINÉ D'APRÈS NATURE PAR SANDOZ ET GRAVÉ AU BURIN PAR G. LÉVY

PRIX

Papier blanc, chaque épreuve. . . . 10 fr. » | Épreuves d'artiste sur chine, tirées
Papier de Chine. . . . . 15 » | à 80 exemplaires. . . . . . . 50 fr. »
Papier de Chine, épreuves avant la lettre, tirées à 120 exemplaires. . . 40 fr.

COLLECTIONS DE GRAVURES POUR LES ŒUVRES DE BÉRANGER

La collection de 53 gravures sur acier est publiée séparément. Prix. . 18 fr.

ALBUM BÉRANGER

Par Grandville. 120 dessins gravés sur bois (premières épreuves), imprimés sur papier de Chine, formant 1 vol. grand in-8° cavalier, cartonné. Prix. 15 fr.

COLLECTION DE GRAVURES POUR LES ŒUVRES DE LAMARTINE

HISTOIRE DE LA RÉVOLUTION DE 1848, 12 gravures sur acier, d'après Andrieux, Bonhommé, Grenier, Sandoz. . . . . . 4 fr. 50 c.
Les mêmes, sur papier de Chine, avant la lettre. . . . . 9 »

RAPHAËL, 6 dessins exécutés au burin sur acier, par Johannot. 3 »
Les mêmes, sur papier de Chine, avant la lettre. . . . . 6 »

LES CONFIDENCES, 5 dessins exécutés au burin sur acier, par Johan-
NOT. . . . . 2 fr. 50 c.
Les mêmes, sur papier de Chine, avant la lettre. . . . . 5 »

Chaque Collection se vend séparément.

VIENNENT DE PARAITRE

L'ADIEU ET LE CHEVAL ARABE

TIRÉS DES DERNIÈRES CHANSONS DE BÉRANGER

MIS EN MUSIQUE PAR M. ABADIE AVEC ACCOMPAGNEMENT DE PIANO

ŒUVRES DE WALTER SCOTT

Traduction de M. Defauconpret ; nouvelle édit., revue et corrigée avec le plus grand soin, *illustrée* de 25 magnifiques gravures d'après RAFFET, et de 25 portraits représentant l'héroïne de chaque roman. 25 volumes in-8° cavalier.

Prix de chaque volume. . . . . 4 fr. 50 c.

Waverley. — Guy-Mannering. — L'Antiquaire. — Kenilworth. — Le Nain noir ; les Puritains d'Écosse. — La Prison d'Édimbourg. — Le Pirate. — Ivanhoë. — Le Monastère. — Rob-Roy. — Woodstock. — Nigel. — La Fiancée de Lammermoor. — L'Abbé. — Peveril du Pic. — Quentin Durward. — Les Eaux de Saint-Ronan. — Redgauntlet. — Le Connétable de Chester. — Richard en Palestine. — Chroniques de la Canongate. — La Jolie Fille de Perth. — Charles le Téméraire.— Robert de Paris.— Le Château périlleux.

LE MÊME OUVRAGE, orné de vignettes, de portraits, etc. 30 vol. in-8°. . . . . 120 fr.

On vend séparément chaque volume. . . . . 4 fr.

Tome		Tome	
1.	Waverley.	15.	Quentin Durward.
2.	Guy-Mannering.	16.	Les Eaux de Saint-Ronan.
3.	L'Antiquaire.	17.	Redgauntlet.
4.	Rob-Roy.	18.	Le Connétable de Chester.
5.	Le Nain noir. / Les Puritains d'Écosse.	19.	Richard en Palestine.
6.	La Prison d'Édimbourg.	20.	Woodstock.
7.	La Fiancée de Lammermoor. / L'Officier de fortune.	21.	Chroniques de la Canongate.
8.	Ivanhoë.	22.	La Jolie Fille de Perth.
9.	Le Monastère.	23.	Charles le Téméraire.
10.	L'Abbé.	24.	Robert de Paris.
11.	Le Château de Kenilworth.	25.	Le Château périlleux.
12.	Le Pirate.	26.	Histoire d'Écosse. Tome I.
13.	Les Aventures de Nigel.	27.	Histoire d'Écosse. II.
14.	Peveril du Pic.	28.	Histoire d'Écosse. III.
		29.	Romans poétiques. I.
		30.	Romans poétiques. II.

ŒUVRES DE J. FENIMORE COOPER

Traduction de M. Defauconpret, ornée de 84 vignettes d'après les dessins de MM. Alfred et Tony Johannot. 30 volumes in-8°. . . . . . 120 fr.

On vend séparément chaque volume. . . . . 4 fr.

Tome		Tome	
1.	La Précaution.	16.	Ève Effingham.
2.	L'Espion.	17.	Le Lac Ontario.
3.	Le Pilote.	18.	Mercédès de Castille.
4.	Lionel Lincoln.	19.	Le Tueur de daims.
5.	Le Dernier des Mohicans.	20.	Les Deux Amiraux.
6.	Les Pionniers.	21.	Le Feu Follet.
7.	La Prairie.	22.	A Bord et à Terre.
8.	Le Corsaire Rouge.	23.	Lucie Hardinge.
9.	Les Puritains d'Amérique.	24.	Wyandoté, ou Fleur des Bois.
10.	L'Écumeur de Mer.	25.	Satanstoe.
11.	Le Bravo.	26.	Le Porte-Chaîne.
12.	L'Heidenmauer.	27.	Ravensnest.
13.	Le Bourreau de Berne.	28.	Les Lions de mer.
14.	Les Monikins.	29.	Le Cratère.
15.	Le Paquebot américain.	30.	Les Mœurs du jour.

PARIS. — IMP. SIMON RAÇON ET COMP., 1, RUE D'ERFURTH.

PHILOSOPHIE

ET

POLITIQUE

DE BÉRANGER

POUR PARAITRE PROCHAINEMENT

ESSAI SUR LES CONSTITUTIONS FRANÇAISES

NOUVELLE HISTOIRE DE LA RÉVOLUTION DE 1789 A 1848,
1 vol. in-8.

PARIS. — IMP. SIMON RAÇON ET COMP., RUE D'ERFURTH, 1.

PHILOSOPHIE

ET

POLITIQUE

DE BÉRANGER

PAR

PAUL BOITEAU

Auteur de la brochure *Erreurs des Critiques de Béranger*.

Patrie et Liberté !

PARIS

PERROTIN, LIBRAIRE-ÉDITEUR

41, RUE FONTAINE-MOLIÈRE, 41

1859

INTRODUCTION

Patrie et Liberté.

J'ai essayé, dans un écrit récent [1], de dire la vérité sur l'étrange polémique que la mort de Béranger a fait naître; j'ai expliqué comment de petits ressentiments romantiques ont été le premier ferment de tant de fausses colères; comment depuis dix années, sous le poids des événements et devant la nécessité de sacrifier, par notre faute, ou la liberté ou l'ordre, nous nous sommes dupés les uns les autres; comment nous avons été faibles et ensuite injustes pour dissimuler notre honte; et comment, à la grande joie des ennemis de la pensée, nous sommes arrivés à cette ridicule et affligeante ignominie de rejeter tous nos torts, toutes nos faiblesses, sur un seul homme, et de proscrire enfin, comme un fauteur de désordre à la fois et de servitude celui qui, en réalité, représentait avec tant d'éclat et d'une manière si digne du génie français la liberté et l'ordre unis ensemble.

Rien n'est plus périlleux pour un peuple que l'habitude de l'injustice; aussi ce n'était pas seulement un devoir de piété

[1] *Erreurs des critiques de Béranger;* in-32, chez tous les libraires (juillet 1858).

1

que j'avais à remplir envers une chère mémoire, c'était un
effort que je voulais faire pour rappeler l'esprit public au respect de soi-même et au souvenir des temps où il était digne
d'estime. Encouragé par de nombreux et d'excellents suffra-
ges, j'essaye maintenant d'accomplir toute la tâche que je m'é-
tais imposée. Il ne suffit pas en effet d'avoir convaincu tel ou tel
écrivain honorable d'une erreur et tel ou tel autre d'une triste
connivence avec des gens méprisables, il faut encore, pour
l'honneur de la raison humaine, dégager la belle doctrine de
Béranger du milieu de ces querelles marécageuses. Comme Molière au dix-septième siècle, et, au dix-huitième, Voltaire, Béranger a été parmi nous l'un des grands instituteurs de l'humanité ignorante et intolérante. On a feint de méconnaître les
vertus de sa philosophie et les ressorts de sa politique; mais
cette politique et cette philosophie ne sont pas de celles que la
mode amène et bannit : c'est le bon sens même d'un nouveau
Socrate qui se sert tour à tour de la langue d'Anacréon et de
la langue de Pindare. C'est encore la hardiesse, la franchise,
la simplicité d'un plébéien né aux environs de la grande année
1789 et resté jusqu'au dernier jour le cœur plein de l'enivrement, de la confiance, de l'espoir, qui saisit alors le cœur de la
France. Si nous voulons un guide pour continuer notre marche, à partir du point où nous a surpris et arrêtés l'orage, n'en
cherchons pas un autre : c'est Béranger qu'il faut suivre.

Nul n'ignore que toutes nos dernières mésaventures et nos
constantes inquiétudes viennent de l'esprit de jalousie qui s'est
emparé des uns et de l'esprit de crainte qui a énervé les autres;
nul ne prévoit quand viendra le jour, non pas de la réconciliation passagère, mais de l'union inévitable et indissoluble. Et
c'est dans cet égarement, dans cette terreur, dans cette
anxiété, que nous courons aux remèdes des empiriques! C'est
dans cet impérieux besoin de clarté que nous jetons le bois-
seau sur la lumière! Il ne dépend pourtant que de nous seuls
de régler enfin le débat qui nous a coûté déjà tant de larmes
et tant de sang inutile et de réunir en un même faisceau les

deux bannières, aujourd'hui divisées, de la liberté et de l'égalité des citoyens.

Je disais dans les *Erreurs des critiques de Béranger*, et je répète :

« Ceux qui ont le bonheur d'être instruits ont besoin de liberté, comme les autres ont besoin d'égalité. La liberté et l'égalité sont au même titre un pain nécessaire. Béranger le savait et le disait. Pourquoi perpétuer un duel insensé? Lorsqu'il veut instruire le peuple à la clémence, pourquoi déclarer qu'il n'a plus le droit d'être écouté, qu'il n'est plus un grand poëte ni un grand citoyen ni un honnête homme? Sa voix seule a un pouvoir magique, et vous l'étouffez! » Non, elle ne se taira pas; il faut qu'elle parle et qu'on l'écoute.

Est-ce en effet une ingénieuse idée de salut public que cette espèce de succès qu'on n'a pas craint de faire au dernier ouvrage de M. Proudhon, philosophe et économiste dont assurément je suis loin de nier la science, quoique incomplète, le talent, quoique inégal, la sincérité, quoique vaniteuse, l'honnêteté même, quoique trop rude, mais qui, avec des pensées sans doute généreuses, va tout droit à l'anéantissement de ce qu'il y a d'élevé dans la nature humaine, et qui d'ailleurs se trompe dangereusement dans la moitié des points de sa thèse extraordinaire. Voilà bien la marque de l'abaissement du sens commun : on jette sans scrupule un blâme frivole sur les œuvres du poëte de la raison mesurée, et l'on accorde sans scrupule un sourire plus frivole encore aux bizarreries périlleuses d'un écrivain qui a osé sortir avec fracas des limites de la raison! Les mêmes gens pensent ainsi que M. Veuillot, par exemple, n'est pas sans quelque motif lorsqu'il s'attaque à la mémoire de Béranger, et ils pensent, avec la même tranquillité d'âme, que le dernier ouvrage de M. Proudhon est de presque toutes parts admirable. O multitude des beaux esprits de salon, c'est donc à vous aussi que s'adresse le vers d'Horace :

Nos numerus sumus et fruges consumere nati !

Et tout va de même dans l'ordre intellectuel. Je ne sais vraiment s'il y a un millier de personnes en France qui tiennent encore à honneur de réfléchir avant de parler et qui examinent les opinions des autres avant de s'en donner une. Que veut-on que le peuple admette comme juste et vrai quand soi-même on n'a point de règle de jugement et à peine une règle de conduite ? Quelle créance veut-on qu'il ait dans nos déclarations, si souvent changeantes ? Un exemple entre mille. Tel journal qui, en 1848, défendait depuis trente ans le gouvernement représentatif, la liberté de la presse et la philosophie, couvre aujourd'hui d'injures et taxe d'incapacité quiconque est resté fidèle aux idées qu'il encensait tous les jours. Sont-ce de nouveaux rédacteurs qui se chargent de cette nouvelle catéchisation du public ? Pas le moins du monde. Celui-là même qui a dit blanc dit noir sans vergogne. Il faudrait pourtant avoir quelque pudeur et songer à la déplorable influence que ces changements à vue peuvent produire sur la morale politique d'une nation. S'ils se sont trompés autrefois, qu'ils se taisent, qu'ils se repentent, qu'ils se frappent la poitrine dans le silence de la vie privée ; s'ils avaient raison, qu'ils se taisent encore et qu'ils rougissent, car ils ont tort, et ils le savent.

De droite et de gauche, dans ce désordre, arrivent toutes fières des propositions de haute politique. L'un affirme que la France n'a pas besoin de liberté, l'autre pense plus simplement qu'elle n'en veut pas ; un troisième abstracteur de quintessence prouve avec aisance que la liberté est morte le 5 mai 1789. Le commun des hommes d'État se dit rassasié d'éloquence et ne voit plus dans le régime parlementaire qu'un produit étranger qui doit être consigné désormais dans les bureaux de la douane.

Il n'est pas jusqu'aux fameux principes de 1789, dont le nom décore si brillamment le frontispice de la constitution actuelle de la France, qu'il ne soit extrêmement difficile de définir. Qu'est-ce en effet que ces principes ? Puisque la constitution les reconnaît, les confirme, les garantit comme la base

du droit public des Français, quelqu'un qui dirait bien nettement en quoi ils consistent rendrait service à tout le monde.
La première idée qui vienne à l'esprit, c'est de lire le préambule
et les principaux articles de la constitution de 1791. Il semble
en effet que, puisque c'est là le premier grand acte constitutif
de la nouvelle société française, on y doit trouver ce que
l'Assemblée constituante regardait comme les principes immuables de la Révolution. On y voit alors qu'il n'y a plus de
noblesse en France ni aucun titre féodal, que la loi ne reconnaît pas les vœux religieux, que nul ne peut être arrêté
et détenu que selon les formes déterminées par la constitution, que la liberté de la presse, la liberté des cultes et la
liberté de réunion, ne sauraient être en aucun cas atteintes
par des lois ultérieures, que les citoyens élisent ou choisis-
sent les ministres du culte et les juges. L'on y voit bien
d'autres choses encore qui ont été supprimées dans toutes les
constitutions postérieures à celle de l'an III et qui n'ont point
nominativement reparu dans la constitution de 1852. Quels
sont donc les principes de 1789?

La réponse est facile s'il suffit d'indiquer les principes dont
aucun pouvoir ne saurait refuser l'exercice aux citoyens : elle
est impossible si l'on en désire davantage. Dans une des dernières séances du Sénat, à propos du projet de loi voté par
le Corps législatif pour le rétablissement de l'ancien article 259
du Code pénal, le rapporteur de la commission a dit, d'un
ton qui n'admet pas de réplique, que, dès le 4 août 1789,
l'Assemblée constituante n'était plus dans les voies de la sagesse et du droit, et que la constitution de 1791 n'est pas du
tout le dépôt des principes de 1789; qu'il faut faire un choix,
en un mot, parmi les actes législatifs de l'Assemblée constituante et qu'il faut le faire très-limité. Cette assertion n'est pas
pour rendre plus aisée la définition dont il s'agit. Nous voilà
enfermés entre le 5 mai et le 4 août 1789. Or, entre ces
deux dates, aucun des principes de la constitution de 1791
n'a été encore reconnu par un acte législatif.

On peut donc dire que les principes de 1789 ne sont pas définis nettement. Quelle cause d'incertitude pour les uns ou d'indifférence pour les autres dans l'exercice de leurs droits et dans l'accomplissement de leurs devoirs !

Si les points les plus importants de la législation supérieure ne sont pas encore fixés; si, après tant d'efforts, on n'est pas encore arrivé à déterminer les limites au delà desquelles l'autorité se heurte forcément contre des principes immobiles; si les grandes questions de la liberté et de l'égalité peuvent toujours être un sujet de dissertation, qu'y a-t-il d'étonnant à ce que l'on se soit laissé dégoûter de la politique? Qu'y a-t-il de plus naturel que de voir les opinions les plus diverses se débattre entre elles dans l'obscurité et d'entendre déclarer les plus odieuses affirmations dans le silence universel?

Mais, si tout s'explique, rien ne s'excuse. Nous sommes tous coupables, et plus que nous ne croyons l'être. Quand nous arracherons-nous au joug du fatalisme qui, depuis soixante-dix ans, opprime notre histoire? Jusqu'ici nous avons si peu lutté pour nous en affranchir, que nous l'avons introduit et adoré dans nos livres. « Les événements seuls sont quelque chose, dit-on, sont seuls coupables, responsables seuls. La Révolution poursuit cependant son invincible cours, et tout est à merveille. »

Il est temps que ces phrases soient retranchées de notre langage. C'est nous qui pétrissons les événements, c'est nous qui faisons l'histoire ; c'est nous qui voulons jouir de vingt gouvernements en soixante années et qui, sans embarras, passerions de la licence à la servitude, et de la servitude à la licence. C'est nous enfin qui, jusqu'à cette heure, avons chassé des lois la vraie liberté, qui avons troublé et ruiné les constitutions. A en croire les déclamateurs, l'esprit français a besoin de ces agitations, de ce tapage, de cette ironique manière de braver les destins, et, par conséquent, nous ne sommes pas au bout de nos plaisirs. Si, en 1793, l'évêque de Paris vient déposer sa crosse, sa mitre et ses lettres de prêtrise sur le bureau du président de la Convention, en 1824 M. de Bonald, dans la Cham-

bre des députés, demandera que l'on renvoie devant son juge
naturel, c'est-à-dire que l'on décapite quiconque a porté la
main sur l'autel ; si, en 1831, le peuple de Paris jette dans la
rivière les croix et les bannières de l'archevêché, en 1858
M. Veuillot trouvera des badauds qui le prendront pour un prophète. Quel heureux agencement de contradictions ! C'est, je
crois, la spirale que décrit l'humanité en quête d'une civilisation meilleure. N'y a-t-il pas moyen de sortir de la spirale
et de marcher son droit chemin ?

Il y en a un sans aucun doute, c'est de vouloir voir clair dans
ce que nous appelons la démocratie, la Révolution, l'autorité, la
liberté, l'égalité, la philosophie, l'esprit religieux, l'Église catholique, et nous y verrons clair dès aujourd'hui si nous faisons
passer toutes les théories et tous les systèmes sous la critique
de l'ancien bon sens français. Un grand politique, le Suédois
Axel Oxenstierna, écrivait un jour à son fils : « *An nescis, mi
fili, quantilla prudentia regitur orbis ?* Ne sais-tu pas, mon fils,
combien il faut peu de chose pour gouverner le monde ? » Ce
peu de chose, c'est du bon sens. On a indiqué, en désespoir de
cause, mille remèdes extraordinaires pour nous guérir de nos
maladies politiques et religieuses ; revenons sans plus d'enquê-
tes à la simple raison ; pratiquons enfin la philosophie et la
politique du sens commun.

Au siècle dernier, avant la Révolution, la France a eu Voltaire, qui a réglé en grande partie les comptes de l'ancien
monde. Nous avons Béranger pour nous expliquer la Révolution et nous tirer de ses ornières.

Ce serait un enfantillage que de dire que Béranger, qui a été
un grand poëte et un citoyen sage, est aussi le plus instruit
de nos philosophes et le plus habile de nos politiques, qu'il a
eu toute science infuse et même la divination de l'avenir ; mais
il est certain qu'aucun poëte, qu'aucun philosophe, qu'aucun
politique, n'a disposé d'une telle influence, et que ses œuvres
contiennent de quoi rectifier notre jugement, clarifier nos idées,
affermir notre raison, réveiller nos espérances et réchauffer

nos cœurs. Sa doctrine a été indignement défigurée ; mais peut-
être n'est-il pas impossible de la rétablir et de la résumer en
quelques pages. Je voudrais y réussir, et, comme la première
vertu de son âme était la tolérance, j'aurai soin de ne mettre
dans ce catéchisme d'autre passion que l'amour des hommes et
de la vérité. L'histoire est là pour servir de commentaire à ce
résumé nouveau des œuvres de Béranger. Je l'emploierai au
besoin, et j'ai la conviction que ce travail n'aura pas été inutile.

C'est comme un cours de raison française à l'usage de ceux
qui n'ont pas intérêt à abêtir leur raison.

Socrate a eu Platon et Xénophon pour historiens de sa vie
et commentateurs de ses discours. Béranger, heureusement,
se passe d'interprètes, il a lui-même pris la parole devant la
postérité.

Ses chansons, sa trop rapide biographie et le recueil si inté-
ressant de ses lettres, voilà les textes où l'on viendra prendre
longtemps des leçons de sagesse pratique. Jusqu'à ce qu'elles
soient publiées, il n'est pas convenable que l'on se serve de ses
lettres ; mais *Ma Biographie* et les *Chansons* permettent bien
d'attendre. Le peuple, d'ailleurs, ne connaît guère que les chansons. Nous rouvrirons ces petits volumes, si étrangement tra-
vestis, si opiniâtrément calomniés, et nous verrons ce que
Béranger a réellement pensé des principaux problèmes de la
politique et de la philosophie contemporaine.

On fait des montagnes de tout. « Quoi ! vous voulez parler de
ces choses sérieuses à des gens qui sont si aises de n'avoir plus
à s'en occuper ? Vous ne craindrez peut-être pas de nier la sincérité ou la longévité du mouvement religieux qui semble s'être
emparé des âmes ? Vous oserez dire que la liberté de penser, de
parler et d'écrire, est imprescriptible, qu'on peut en suspendre
un temps l'exercice public, mais qu'on ne saurait la détruire,
et qu'il n'y a pas de système gouvernemental à bâtir solidement sur sa ruine. » Je l'oserai sans doute, et ne croirai pas
avoir eu besoin de beaucoup d'audace. En quel moment de
l'histoire vivons-nous pour qu'on rencontre à chaque pas de

ces avertisseurs si faciles à émouvoir? Est-ce que nous ne sommes plus aujourd'hui les hommes que nous étions il y a dix ans, doués des mêmes forces, investis des mêmes droits? Qui avoue qu'il sent son héritage amoindri? Qui provoque à porter les mains sur sa raison? On doit le respect aux lois établies; on se doit aussi respect à soi-même : Béranger vous l'aurait dit.

Encore des montagnes! « Quoi! vous croyez qu'il est facile de traiter ces matières, et vous pensez avoir la force de distinguer ce qui est vrai de ce qui est faux! Mais les plus grands génies se sont consumés sur ces études! La seule théologie, que vous supprimeriez d'un trait de crayon, a absorbé des millions d'intelligences dans les presbytères, dans les cloitres, dans les conciles! Et, quant à la politique, ne vous rappelez-vous pas ces discussions admirables (et interminables), qui, pour les plus petits détails, tenaient huit jours la tribune occupée et retentissaient de là dans tous les journaux de l'Europe? Supposé sans péril, l'inventaire que vous allez dresser vous accablera vite. » Mais je n'ai pas dit que je voulais composer une *Somme politique et philosophique*; je n'aspire qu'à mener à sa dernière page un petit abrégé des leçons du maître.

Ne parlons d'ailleurs ni de difficulté ni de péril. Le sens commun dit que tout homme est juge dans cette cause, et qu'il est inutile d'introduire toujours des mystères dans ce qui doit être le domaine nécessaire de tous les esprits. Ce sont les complications théoriques, les arguties de l'exégèse et de misérables querelles de mots qui ont corrompu les idées simples et les notions certaines. Les hommes n'ont pas besoin d'avoir lu la *Critique de la raison pure* de Kant pour connaître la philosophie naturelle et vivre honnêtement; ils n'ont pas davantage besoin d'avoir commenté Grotius ou Puffendorf, ou même Montesquieu, pour comprendre ce que l'avenir réserve aux cités et ce qu'il attend des citoyens. Une page de Platon, du *De officiis*, de l'Évangile ou de la *Profession de foi du Vicaire savoyard*, contiennent toute la science du devoir; une chanson de Béranger est une école de patriotisme.

Le sens commun dit encore qu'il n'y a plus de péril, qu'il ne peut plus y en avoir, grâce à nos pères, dans toute entreprise qui a pour but d'éclairer les hommes, de les désarmer, de les unir. Autrefois les rois pouvaient châtier quiconque se mêlait de parler aux citoyens de l'avenir de la patrie. Nous avons conquis, nous ne perdrons pas le droit d'écrire sur la politique. L'État est la chose de chacun de nous.

Il y a plus : dans les temps où la société, toute frémissante encore des périls qu'elle a pu courir, implore pour se raffermir et se reconnaître la protection d'une autorité vigoureuse, presque aussitôt sortent de l'obscurité et de l'oubli des théoriciens qui, sur les nécessités d'un jour, veulent relever sans exception, comme des digues invincibles, toutes les institutions, toutes les croyances, les abus et les préjugés même du passé. Les uns ne parlent que par effroi ; mais d'autres parlent par calcul. Les chefs de gouvernement, enveloppés alors d'un nuage de courtisans, de solliciteurs, d'esprits effarés, d'esprits malicieux, n'entendent pas toujours arriver jusqu'à eux les vœux authentiques de leurs concitoyens. Trop de gens ont intérêt à s'agiter autour d'eux pour leur prouver l'avilissement de l'espèce humaine ! Trop d'intrigues se nouent pour abuser du mépris des hommes qu'ils conçoivent si aisément !

N'est-il pas du devoir de ceux qui ne se sentent ni vils ni méprisables de faire ce qu'ils peuvent pour que la pensée de la nation soit mieux connue ; et, si la nation ne pense plus, pour qu'elle ose encore penser ?

La France, qui a vu tant de gouvernements passer, est restée la France ; c'est elle qu'il faut avoir en vue quand nous songeons à l'avenir ; c'est elle qu'il faut recommander à Dieu dans nos fortes prières ; c'est la mère patrie qu'il faut souhaiter féconde et saine ; c'est le sol sacré qui porte nos héritages et le berceau de nos enfants qu'il faut saluer de nos cris d'amour et d'espérance. Ce sol ne périra point ; cette patrie ne nous chassera pas de son sein dans l'exil ; elle est toute à nous : soyons tout à elle.

La nation est aujourd'hui lassée et se repose. Quelle injure et quelle erreur que de croire que parce qu'elle a eu besoin d'un peu de repos elle pourrait bien se reposer pour toujours et trouver doux son repos, sans avoir mené jusqu'au bout ses conquêtes généreuses, sans avoir trouvé le secret si longtemps cherché d'apaiser toutes les haines, de satisfaire tous les besoins légitimes, d'unir enfin la liberté et l'ordre!

Le silence de l'opinion publique ne signifie pas que l'opinion publique n'a plus d'idéal. Sa lassitude récente signifie seulement que les esprits ont été fatigués de tant de ridicules ou d'odieuses querelles, et qu'il leur répugne de discuter plus longtemps dans le désordre des idées.

Que le grand courant de l'opinion publique soit rétabli; que les idées se réorganisent enfin. Voilà bientôt soixante ans passés à écrire sur des chiffons de papier des constitutions, à faire et à défaire des machines politiques, à louer et à blâmer 1789, à exalter et à mépriser l'Église catholique, apostolique et romaine : il est temps de songer sérieusement, au milieu du dix-neuvième siècle, en face de tant de merveilles des sciences, après de si longues peines, à ce que nous devons faire pour assurer au monde et à la patrie un avenir tranquille, sans égorgements nouveaux, sans déportations, sans exils, — et pour mettre le nom de Dieu à l'abri de nos disputes.

« Dieu et liberté, » disait Voltaire en imposant les mains sur le front du petit-fils de Franklin. Béranger ajoute un mot à cette devise : Dieu, patrie et liberté!

A la fin de la malheureuse année 1813, quand l'Empire périssait sous les fautes fatales de l'Empereur et sous les coups même de ceux qui, emportés par l'impatience du joug, oubliaient le péril pressant de la patrie, Napoléon s'indigna (et il avait raison à cette heure) de ce qu'on lui parlait si tardivement, et en face de l'ennemi, des institutions de liberté. MM. Lainé, Maine de Biran, Raynouard, Gallois et Flaugergues, dignes d'estime pour leur fatigue du despotisme, devaient parler ou plus tôt, en 1804, avant l'Empire; en 1811, après la nais-

sance du roi de Rome; ou plus tard, après la victoire et la
paix. Ne nous attirons pas le même blâme. C'est quand les
plus sincères amis de l'Empire affirment que tout est bien, que
la France a le droit d'être fière de son rang devant les nations
de l'Europe, que la dynastie nouvelle est à jamais assise sur le
trône de Napoléon Ier, c'est alors évidemment que les gens de
cœur doivent élever la voix, et, avec toutes ces prospérités si
vantées, demander une prospérité de plus. L'ennemi n'est pas
à nos portes : on ne nous accusera pas de ne pas aimer la
France, parce que nous voulons qu'elle n'envie à aucun peuple
les bienfaits délicieux de la liberté.

En 1815 c'était une faute; aujourd'hui c'est un devoir de
parler tout haut.

Qu'est-ce à dire? Que Béranger a entendu isolément l'idée de
Dieu, l'idée de patrie et l'idée de liberté mieux que personne?
Il les a entendues, du moins, aussi bien que personne dans leur
ensemble et dans leurs liaisons nécessaires. Sa philosophie est
loin d'être impie, parce qu'elle est enjouée; son patriotisme n'est
pas irréfléchi, parce qu'il est ardent; et son amour de la liberté
n'est pas incompréhensible, quoiqu'il ne veuille pas de liberté à
l'intérieur du pays sans grandeur, sans élévation, et pour le seul
plaisir des gens instruits. Il croit en un Dieu qui n'est pas l'ennemi de l'homme, il chérit sans honte une patrie, qui depuis
longtemps et pour longtemps guide l'humanité; il attend une liberté qui soit le plus sûr instrument du progrès universel, et
qui remue les idées au profit de tous les hommes.

PHILOSOPHIE

ET

POLITIQUE

DE BÉRANGER

I

DE L'IDÉE DE DIEU

S'il est une profession de foi simple, digne, et entièrement honorable, c'est assurément celle-ci :

> Il est un Dieu ; devant lui je m'incline,
> — Pauvre et content — sans lui demander rien.

Que de bonnes et de belles choses dans ces deux
vers !

La reconnaissance d'un Dieu, le respect du nom
de Dieu, le sentiment de la force de l'homme, qui
doit se suffire dans cette vie, et qui, même privé
des biens matériels, doit mettre sa joie et son orgueil
à calmer son âme.

Écrivons-les partout, et en lettres d'or, ces vers pacifiques : ils nous relèvent de notre bassesse quémandeuse, ils nous purgent de cette envie qui ronge les plus élevés comme les plus humbles d'entre nous ; ils nous rendent le généreux appétit d'un avenir infini, ils nous arrachent à la grossière indifférence dans laquelle le spectacle de tant de perfidies nous a jetés et où finirait par nous enfoncer le fardeau de tant de révolutions presque inutiles à la vertu.

Sans doute il est un Dieu. Nous en coûte-t-il donc tant de confesser que notre conscience nous affirme son existence ? Et Voltaire manquait-il donc de hardiesse d'esprit, lui qui a écrit une page si éloquente sur la nécessité d'un Dieu rémunérateur et vengeur, lui qui a fait ce vers plein de sens :

Si Dieu n'existait pas, il faudrait l'inventer !

Il est un Dieu. Avouons-le, quoi qu'il en coûte.

On dit que, si nous ne croyons guère, nous ne nions pas bien énergiquement, comme ont fait les philosophes du siècle dernier, et que notre philosophie, que notre manière de raisonner, que notre manière de douter est essentiellement transitoire. Où allons-nous ? Est-ce la réunion de tous les cultes dans le giron d'une Église véritablement catholique que présage cette indifférence, et que facilite en apparence l'unité d'idées et d'intérêts créée partout

au nom du commerce et des sciences? L'Église elle-
même le croit-elle?

Un soir d'été, l'année dernière, j'étais entré dans
l'église de Saint-Sulpice ; il y avait dans la chaire de la
nef un prêtre qui disait des prières répétées en chœur
par une vingtaine de petites filles. La psalmodie
arrivée à son terme, le prêtre, d'un ton de voix très-
doux, prononça ces paroles : « Nous allons prier
maintenant pour la conversion de l'Angleterre. »
Je ne puis dire à quel point je me trouvai surpris :
ce prêtre et ces petites filles, en plein dix-neuvième
siècle, à Paris, élevant vers Dieu un vœu si visiblement inutile! Par quel ordre et dans quelle espérance
réelle? Voilà les rêves de l'Église catholique! Ah!
ce n'est pas cela qu'il faut demander à Dieu, et ce
n'est pas cela non plus qu'il accordera. Demandons-
lui, par une prière unanime, qu'il réduise au néant
ceux qui spéculent sur la terreur de son nom et que
la cause de rébellion manque aux vigoureux esprits
que le mépris de ces gens entraîne dans le scepticisme,
dans le panthéisme et jusque dans l'athéisme.

Nous sommes un siècle sans foi, disent la plupart
de nos philosophes, de nos poëtes et de nos prêtres;
mais si, en effet, notre foi dans les religions particulières a péri, à aucune époque les hommes ne furent plus près d'honorer Dieu d'un respect réfléchi
et volontaire. Nous allons, même dans le culte, des
ténèbres à la lumière et de la servitude à la liberté.

Les mauvais catholiques ont nui au respect dû à

Dieu ; mais ce n'est pas une raison pour qu'on arrache de sa pensée le témoignage opiniâtre qu'elle rend en faveur d'un Dieu infiniment supérieur à l'homme. L'Église a paru souvent travailler à l'asservissement des âmes ; mais ce n'est pas s'affranchir que de détruire en soi le désir de l'immortalité. A qui les cherche, les raisonnements subtils ne manquent point pour embrouiller des questions qui sont si claires sous la lumière naturelle de la conscience. Étrange hardiesse que de se roidir pour n'être rien quand on sent qu'on est quelque chose ! Élévation d'esprit bien peu enviable que de s'attacher corps à corps à la matière et d'enfermer toute la philosophie dans la cornue où le chimiste constate que rien ne se crée et que rien ne se perd aujourd'hui dans notre coin de la nature ! A vingt ans, cette fougue d'indépendance est permise encore et peut n'être que l'enivrement du cerveau au moment où les pensées viriles s'y produisent ; mais pourquoi, un peu plus tard, se croire matérialiste, positiviste et athée ? On ne l'est pas, on dit qu'on l'est pour attirer l'attention, pour paraître bien fort, bien avancé au delà des autres, et ce n'est plus que misère et infériorité d'esprit.

> Mais un Dieu brille à travers nos ténèbres.
> N'attendons pas, Dieu, que ton nom puissant,
> Qu'on jette en l'air comme un nom de passant,
> Soit lettre à lettre effacé de notre âme [1].

[1] Le *Suicide*.

Croire un Dieu, c'est croire l'âme et l'immortalité de l'âme. Béranger n'a jamais senti de défaillance dans sa croyance en Dieu et à l'âme, « doux rayon [1] de l'astre éternel. »

Citerons-nous la *Prisonnière*, chanson du nouveau recueil qui ne le cède en rien à aucune de ses aînées et qui dit qu'à la mort

> L'âme s'envole en liberté;

Et où se trouve cette conclusion :

> De nouveaux fers Dieu la préserve !
> Et j'ajoute à mon oraison :
> Faites, mon Dieu, qu'elle conserve
> Le souvenir de sa prison !

M. Proudhon peut en rire; mais c'est, comme la *Prisonnière*, une admirable et bien utile chanson que celle de la *Bonne Vieille*. Le poëte parle le langage ému et sincère du cœur humain de tous les hommes, lorsqu'il dit à celle qu'il aime :

> Levez les yeux vers ce monde invisible
> Où pour toujours nous nous réunissons.

Oui, nous croyons tous, quand nous ne subissons pas la contrainte d'un sot orgueil, que nous vivrons au delà de la mort, et nous espérons bien revivre avec ceux que nous avons aimés. C'est la foi universelle, partout où l'intelligence de l'homme

---

[1] 1816, *Mon Ame.*

fonctionne librement. Elle n'est pas scientifique-
ment assurée,

> Car la science, aveugle majesté,
> Ne croit à rien, qu'au peu qu'elle devine;

Mais qu'importe? La science nous explique-t-elle
notre présence en ce monde?

« Connaissons donc notre portée, disait Pascal;
nous sommes quelque chose et nous ne sommes pas
tout. » J'achève la pensée avec J. J. Rousseau, qui
est un si grand maître, et un maître si éloquent :
« Comment peut-on être sceptique par système [1] et de
bonne foi? je ne saurais le comprendre. Ces philosophes, ou n'existent pas, ou sont les plus malheureux des hommes. Le doute sur les choses qu'il
nous importe de connaître est un état trop vio-
lent pour l'esprit humain : il n'y résiste pas longtemps; il se décide malgré lui de manière ou
d'autre, et il aime mieux se tromper que de ne rien
croire. »

Aussi n'y a-t-il pas d'athées véritables. Les plus
bruyants sont des fanfarons qui, devant le danger,
ont peut-être plus peur que les autres; et le danger,
c'est l'heure de la mort quand la vie a été mauvaise.
Ils répondent : Jules César était athée, et il y a quelque chance de ne pas se tromper avec un si grand
esprit. Si César ne croyait pas en Dieu, il ne faut pas

[1] *Profession de foi du vicaire savoyard.*

s'étonner qu'il ait fait si bon marché de la liberté
de sa patrie. Mais où a-t-on vu qu'il fût athée? Une
phrase prononcée à trente-cinq ans, dans un discours politique, ne suffit pas pour qu'on ose parler
de l'inébranlable athéisme de César. Soit : il a nié
un jour, au Sénat, l'immortalité de l'âme; mais
qui a connu le secret de ses rêveries, de ses prome-
nades silencieuses, de ses nuits solitaires? Ce vain-
queur, ce dominateur du monde, après tout, n'est
qu'un homme, et, là où il pense autrement que l'humanité tout entière, il est dans l'erreur : ne comptez
pas devant Dieu sur son exemple.

J'ai parlé de ses nuits solitaires. On brave Dieu
dans une église à côté d'un sacristain coiffé de gras
et à l'œil éteint; mais où le fuir,

> Quand la nuit étend son voile [1]
> Et qu'au ruisseau transparent
> Vient se mirer une étoile?

Tu te tais, créature d'un jour; tu contemples, tu
admires la voûte silencieuse des cieux décrivant sa
courbe autour de toi. Qui a créé ces mondes? Et
toi-même qu'ils étonnent, qui t'a fait naître, créature rebelle?

> Trop longtemps l'homme [2] à la taille du globe
> De ses dieux borna la hauteur.

[1] Les *Voyages*.
[2] Le *Savant*.

Creusez le ciel; que rien ne nous dérobe
L'œuvre sans fin du Créateur.
Le mouvement part de sa main féconde;
Suivez-le, mais les yeux ouverts,
Et révélez à notre petit monde
Le Dieu de l'immense univers.

Sous le prétexte que le *Cœli enarrant gloriam Dei* est un texte biblique, doit-on nier que les cieux racontent la gloire de Dieu?

Levez les yeux, ô sceptiques! vers ces champs de l'infini dont le télescope d'Herschell a jaugé les effroyables espaces et où il a vu se mouvoir, environnés de leurs mondes, des millions de soleils derrière lesquels des millions de soleils circulent encore. Écoutez le silence animé de nos belles nuits d'automne; voyez, lisez dans cette nature et dans votre pensée, et ne craignez pas de dire : Je sens que j'ai une âme, et je sais qu'il est un Dieu.

Une éclipse totale de soleil épouvante la foule et attriste jusqu'aux philosophes [1]. Voulez-vous donc qu'il y ait dans notre âme une éclipse absolue et perpétuelle de la Divinité nécessaire? Nous pouvons l'oublier, tant que nous ne faisons que douter volontairement de son existence; mais, si nous apprenions sûrement qu'il n'y a point de Dieu, quelle autre tristesse et quelle inconsolable épouvante!

Ces expressions et ces images plaisaient à Béranger; sa pensée aimait à chercher Dieu, là où sa

[1] V. Arago, *Ast. populaire*, t. III, p. 583.

gloire éclate, dans le silence de l'infini. Le *Bon Dieu*
même, cette chanson enjouée· et si joliment ma-
ligne, est une œuvre qui se ressent des méditations
et des rêveries à la belle étoile de sa jeunesse,
comme *Notre Globe*, l'*Ascension* et tant de couplets
du recueil posthume attestent la constante admiration du poëte pour la sublimité des vérités as-
tronomiques. L'astronomie est, par excellence, la
science civilisatrice. A lire le *Cosmos* de Humboldt,
on se sent, non pas écrasé par la majesté du Dieu
créateur et régulateur, mais élevé et soutenu, pour
ainsi dire, jusqu'à lui. Quelle volupté pour notre
intelligence, à laquelle on donne souvent de si étroits
horizons, et, dans le plus enivrant de cette volupté,
quelle sérénité profonde, quel beau calme! L'esprit plane, d'un vol tranquille, au-dessus de nos
infirmités. Le bruit de nos querelles ne saurait
monter si haut. Ou bien, si le souvenir nous en
reste, nous nous écrions avec moins de mépris que
de joie :

> Quoi! notre gloire impérissable,
> Nous la bâtissons là-dessus !
> Mais qu'importe ce peu de sable
> Où s'entassent nos vœux déçus ?
> Qu'importe en quelle étroite bière
> Nos os tomberont de sommeil ?
> Aux mains de Dieu, grain de poussière,
> L'homme pèse plus qu'un soleil.
>
> Espère, enfin, mon âme, espère;
> Du doute brise le réseau.

> Non, ce globe n'est pas ton père ;
> Le nid n'a pas créé l'oiseau.
> J'en juge à l'effort de ton aile,
> Qui s'en va les cieux dépassant.
> Pour t'engendrer, noble immortelle,
> Il n'est que Dieu d'assez puissant.

Voilà l'impie! Ainsi parle, de la première à la dernière page de son œuvre, le poëte que de malheureux blasphémateurs ont accusé d'avoir dépravé son époque. C'est leur langage qui nous dégoûte des idées religieuses ; c'est leur seul triomphe, qui ferait vaciller, qui pourrait éteindre chez nous la croyance en un Dieu juste[1].

---

[1] Les évêques ignoreront-ils toujours que des confesseurs de la foi de l'espèce de M. Veuillot font mille fois plus de mal à l'Église que les plus ingénieux railleurs de l'école voltairienne? Ignoreront-ils toujours que la compilation qui a été faite il y a deux ans, l'*Univers jugé par lui-même*, offre aux adversaires du catholicisme des armes bien supérieures à celles qu'on irait chercher dans Bayle ou dans les philosophes de l'école allemande moderne? Ce recueil d'extraits du journal de M. Veuillot, en trahissant sa bassesse, sa lâcheté, son ingratitude, son inconsistance, son hypocrisie, sa perfidie, jette une sinistre lumière sur l'état de décrépitude où sembleraient se trouver réduites les idées catholiques. Le temps des Chrysostome et des Bossuet est-il passé sans retour? Rome n'a-t-elle plus qu'un paillasse pour attirer la foule aux portes de Saint-Pierre? Si de telles questions restent longtemps sans réponse, si les véritables prédicateurs, si les docteurs, si les fidèles serviteurs de l'Église, souffrent que cet homme et ses acolytes parlent toujours, et si haut, en leur nom, nul ne peut dire en quel discrédit définitif tomberait une foi spéciale qui a besoin d'être prêchée avec tant de douceur par des gens de tant de vertu. Pour ce qui regarde les écrivains dont les noms ou les pensées sont à tout bout de champ l'objet des insultes de l'*Univers*, qu'ils sachent bien que c'est une duperie que d'entrer en querelle avec ce dernier apôtre. Dès qu'on répond, l'on tombe dans le piége. Je voudrais , pour réduire à la rage

Soyons plus chrétiens que ces hommes sans foi,
et reconnaissons sans hésiter que, sinon l'une des
religions issues du christianisme, du moins le christianisme peut lui-même avoir à remplir encore de
longues destinées. Il dépend d'eux, et non de nous,
que tous les germes de sa doctrine fleurissent sur
la terre. Il dépend d'eux que les peuples rappren-
nent l'Évangile, non pour y examiner la question
inutile des dogmes, mais pour admirer et pratiquer la morale féconde de Jésus de Nazareth. Cha-
teaubriand, l'auteur du *Génie du Christianisme*, a
donné pour titre au chapitre LV de son *Essai sur
les Révolutions*, cette question : QUELLE SERA LA RELI-
GION QUI REMPLACERA LE CHRISTIANISME? Il faut dire qu'aucune religion ne le remplacera sans doute, et qu'il
lui appartient, si les ennemis de la raison le veulent bien permettre, de mener jusqu'à son terme
l'éducation de la raison humaine, si jeune encore
et si fréquemment chancelante.

Béranger[1], Napoléon[2], Mirabeau[3], Voltaire[4], Jean-

les gens de l'*Univers*, voir s'organiser contre eux la confédération du
silence. On laisserait se délecter dans leur lecture, le soir, devant le
feu épiscopal, les bons chanoines des évêchés ultramontains; on les
laisserait rire d'un rire inoffensif, et au bout de trois mois ce serait
fini. M. Veuillot, sans emploi, retournerait aux petits vers légers de
sa jeunesse, qu'il cultive encore de temps en temps.

[1] Voir toutes ses chansons.
[2] Lire le *Mémorial de Sainte-Hélène*.
[3] Feuilleter le recueil de ses œuvres.
[4] En divers endroits de sa correspondance et ailleurs, par exemple
dans l'article *Curé* du *Dictionnaire philosophique*.

Jacques Rousseau et Montesquieu, lorsqu'ils fixent
leurs regards sur l'avenir prochain de l'humanité,
ne songent pas à préparer la fortune d'un nouveau
culte; ils savent que l'on ne prémédite pas des
religions, et ils pensent que la morale du Christ
est assez belle, si on ne la voile, pour séduire bien
des siècles, assez forte pour leur suffire. Montesquieu
même, que je cite ici le dernier, y trouve un pivot,
qu'il cherche ailleurs en vain, pour assurer le mouvement des sociétés de tous les temps. Il fait son
procès à Bayle, pour n'avoir pas distingué « les ordres pour l'établissement du christianisme d'avec
le christianisme même, et pour avoir osé avancer
que de véritables chrétiens ne formeraient pas un
État qui pût subsister. » Vivement il répond : « Pourquoi non? ce seraient des citoyens infiniment éclairés sur leurs devoirs, et qui auraient un très-grand
zèle pour les remplir; ils sentiraient très-bien les
droits de la défense naturelle : plus ils croiraient
devoir à la religion, plus ils penseraient devoir à
la patrie. Les principes du christianisme, *bien gravés dans le cœur*, seraient infiniment plus forts que
ce faux honneur des monarchies, ces vertus humaines des républiques, et cette crainte servile des
États despotiques. »

Ce sont d'inintelligents amis de Béranger, ceux qui
consentiraient à retrancher de son œuvre un certain
ombre des chansons qu'aujourd'hui l'on pourrait
juger trop fortes; ce sont des amis encore moins sages

ceux qui ne veulent voir dans la hardiesse de ses chansons qu'un jeu charmant de l'esprit douteur et railleur. Sans doute, Béranger n'a jamais marchandé la satire aux soi-disant interprètes de la volonté divine qui veulent faire de la vie d'autrui une expiation, qui tourmentent la conscience, qui environnent la mort d'affres terribles, qui dénaturent les sentiments les plus naturels, qui introduisent dans la pratique de la pensée l'habitude de la crainte et du mensonge, qui font enfin d'une certaine orthodoxie[1] une sorte d'idole à laquelle ils sacrifient les corps et les âmes des hommes; mais la guerre qu'il intente sans relâche et sans pitié à l'hypocrisie et à l'intolérance, c'est le plus bel hommage qu'un honnête homme puisse

---

[1] Quel est par excellence le mot chrétien ? c'est le mot charit'. Est-ce lui qui a le plus souvent été prononcé dans l'histoire de l'Église? est-ce lui encore qui sort le premier de la bouche des orateurs de l'Église? Tant s'en faut : le mot qui a fait le plus de bruit et qui passe partout le premier, c'est toujours le mot orthodoxie.

L'orthodoxie ! Oubliez, nous dit-on, les querelles du passé, la condamnation de Galilée, les auto-da-fé de l'inquisition ; oubliez ces barbaries des siècles barbares : la doctrine s'épure, elle est perfectible, elle a reconnu le mouvement des planètes, elle sait que Josué n'a point arrêté le soleil, elle admet que les sept jours de la Genèse ne sont pas sept journées comme les nôtres. Étudiez la marche de cette vénérable doctrine : chaque jour, elle devient plus douce pour la raison.

Où est la preuve de cet adoucissement de la doctrine catholique? où voyez-vous qu'elle se simplifie ? Au moment où les dogmes paraissent finir, un dogme nouveau vient d'être montré à la terre : la Vierge, mère immaculée, devient fille immaculée de sa mère. La croyance de saint Pierre et de saint Paul, de Grégoire VII ou de Sixte-Quint n'a pas suffi au catholicisme moderne, et la raison universelle est chargée d'un nouveau fardeau de foi.

rendre à Dieu, quand il est doué d'un esprit comparable au sien.

Déiste convaincu et décidé à ne jamais rougir de sa conviction[1], Béranger a été pénétré toute sa vie et il a imprégné toute son œuvre de ce vrai et pur sentiment religieux qui contient à la fois le respect du Dieu inconnu et l'amour de la vie et des hommes. On a pu voir, dans son recueil posthume, comment cette piété élevée et généreuse a coloré et animé ses derniers vers; mais dès les premiers jours de sa vie poétique, dans ses compositions même les plus légères, n'avait-il pas déjà marqué le sens et montré la portée de ses chants? Les *Gueux* datent de 1812. Dès lors Béranger s'écrie :

> Oui, le bonheur est facile
> Au sein de la pauvreté :
> J'en atteste l'Évangile,
> J'en atteste ma gaieté.

Quand on lui fait un crime de sa chanson du *Bon Dieu*, il écrit en marge une note : ·
« Béranger, dit-il, en faisant la chanson du *Bon*

---

[1] « Avec un fonds inébranlable de cette foi que nous appelons déisme, foi si fortement gravée dans mon cœur, qu'unie à tous mes sentiments elle irait jusqu'à la supposition, si ma raison le voulait permettre,... je suis, et je mourrai, j'espère, ce qu'on appelle en philosophie un spiritualiste. Il me semble même que ce sentiment profond se fait jour à travers mes folles chansons. »

(*Ma biographie*, édit. in-32, p. 315.)

Dieu, n'eut pas l'idée de commettre une impiété, il s'en faut[1]. Il prit cette fois Dieu comme nos religions l'on fait dans la tête du peuple, et non comme lui-même l'avait conçu. C'est cette idole grossière qui lui servait de cadre pour des couplets dont la morale, après tout, est plus en rapport avec l'Évangile que celle de nos jésuites intolérants. »

Qu'on n'objecte pas que l'ironie ne doit, ni de près ni de loin, toucher à ce qui fait le fonds, même le fonds grossier, de quelque croyance, et que la superstition est respectable en ses erreurs. Nous savons trop ce que les grossièretés des cultes coûtent de travail et ce qu'elles peuvent coûter de sang à qui veut les détruire.

Et, d'un autre côté, que nul ne dise que Béranger ne prétendait pas être un commentateur de la morale chrétienne et que nous le faisons ici trop évangélique. Dire que sa philosophie est pieuse, ce n'est pas dire qu'elle est crédule.

Dans *Ma Biographie*[2] il dit expressément : « L'Évangile, malgré ma croyance arrêtée, a toujours été pour moi une lecture philosophique et la plus consolante de toutes. » Ses dernières conversations aboutissaient presque toutes à parler de la morale de Jésus. « Nous nous approchons du monde évangélique,

---

[1] *Notes nouvelles*, nº XCI.
[2] Page 515, édit. in-32.

disait-il; voici venir la vie de l'Évangile. Laissez
faire, la démocratie y arrivera. Mais, pour qu'elle y
arrive le plus vite possible et le plus sûrement, il faut
bien prendre garde à ne pas nous laisser ramener
en arrière d'un seul pas. » Examiné de ce point de
vue, le dernier volume des chansons couronne bien
l'œuvre du poëte. Jeune, il a chanté la vie joyeuse ;
dans l'âge mûr, au moment où sa force était entière,
il a entrepris d'être un Voltaire nouveau et d'affranchir tous les esprits du joug de l'hypocrisie et de la
terreur; au fond de sa retraite, il chante la fin des
querelles sur la terre et dans l'espace infini ; il
chante le pardon de Satan même.

> La loi d'amour est satisfaite ;
> Le ciel s'agrandit : gloire à Dieu !

C'est toujours la même foi dans le même Dieu, et
le même amour de l'harmonie universelle. Et ces
derniers vers, qui sont si doux, ne viennent pas avec
moins de puissance que les premiers frapper au
cœur l'aveugle intolérance. Béranger demande Dieu
et l'Évangile sans outrages à la raison, sans périls
pour la liberté, sans entraves pour la civilisation.

Aux plus impatients, à ces jeunes philosophes, à
ces ardents poëtes qui jugent que l'amertume du
doute n'est pas sans quelque volupté sauvage, qui
trouvent prosaïque le témoignage d'une conscience
commune à tous les hommes et qui se croient des
lord Byron si l'ouragan du désespoir traverse leur

âme, à ceux-là, s'ils se sentent tentés de rire d'un Béranger si chaud partisan de l'Évangile, et pas plus avancé que Jean-Jacques, je rappellerai les vers d'un poëte qui n'était pas moins qu'eux blessé du scepticisme, ni moins qu'eux désespéré, ni moins qu'eux ennemi des choses triviales. C'est ce pauvre et à jamais regrettable Musset, qui laisse de si chaudes élégies et qui, un jour, dans l'*Espoir en Dieu*, a dicté ces strophes qu'emporte jusqu'au fond du ciel un si noble mouvement lyrique. Il s'adresse à Dieu, au Dieu caché, au Dieu dont il a douté, et lui dit :

> Pourquoi laisser notre misère
> Rêver et deviner un Dieu?
> Le doute a désolé la terre;
> Nous en voyons trop ou trop peu.
>
> Si ta chétive créature
> Est indigne de t'approcher,
> Il fallait laisser la nature
> T'envelopper et te cacher.
>
> Il te resterait ta puissance,
> Et nous en sentirions les coups;
> Mais le repos et l'ignorance
> Auraient rendu nos maux plus doux...
>
> ... Mais, si nos angoisses mortelles
> Jusqu'à toi peuvent parvenir,
> Si dans les plaines éternelles
> Parfois tu nous entends gémir,
>
> Brise cette voûte profonde
> Qui couvre la création;

Soulève les voiles du monde
Et montre-toi — Dieu juste et bon !

Tu n'apercevras sur la terre
Qu'un ardent amour de la foi,
Et l'humanité tout entière
Se prosternera devant toi.

Les larmes qui l'ont épuisée
Et qui ruissellent de ses yeux,
Comme une légère rosée
S'évanouiront dans les cieux,

Ce cri déchirant part d'une âme de poëte. Évitons-
nous la douleur de le proférer en fermant notre cœur
au doute. Tôt ou tard nous nous repentirions, soit en
silence, soit dans une confession publique, d'avoir
nié ce qui est clair comme le jour.

On ne saurait trop attacher d'importance à établir
qu'il n'y a pas, si ce n'est par exception, d'athées
sans hésitations et sans faiblesses; que l'athéisme,
quand il est à la mode, est un engin de démoralisation qui détruit la vertu et la fortune d'un peuple;
et qu'aucun grand esprit n'a jamais douté de Dieu.
Béranger fait de l'affirmation de son existence l'A
B C de la science humaine et la première base de
toute philosophie et de toute politique.

Quand un homme doué de talent se rencontre qui
nie Dieu dans un livre, sachez que cet homme,
comme Bayle, que Montesquieu critiquait tout à
l'heure, ne dit pas juste ce qu'il pense et que c'est
des religions et des ministres des religions, et non pas

de Dieu, qu'il est l'adversaire. Il sait bien, lui aussi,
qu'il a une âme intelligente pour mener son corps,
et qu'il est un Dieu qui mène l'univers.

Bien certainement M. Proudhon croit en Dieu; et,
s'il reproche si amèrement son déisme à Béranger,
c'est une affaire de tactique. Comment n'aurait-il
pas vu que Béranger a continué l'œuvre de Voltaire
avec une sagacité supérieure et un succès incomparable? Le déiste Béranger, comme le déiste Voltaire, a porté des coups terribles à la superstition
(ne nous lassons pas de les nommer par leurs noms),
au fanatisme, à l'hypocrisie, à l'intolérance. Un
athée n'a pas à espérer une si heureuse victoire.
Pour tirer les hommes de l'erreur, il faut leur parler clairement de la vérité.

Sans contredit, la conscience ne relève pas de la
politique, et on ne voit pas qu'il faille arguer de
l'intérêt des sociétés en faveur de l'existence de
Dieu et du déisme spiritualiste. Cependant, si cette
preuve était admissible, il serait sans peine démon-
tré que la croyance à la vie future et au Dieu rémunérateur et vengeur sauve seule le pacte social de
ses périls, et seule maintient la civilisation générale
dans le chemin de la perfection : inutile d'en venir
aux prosopopées quand il s'agit de lieux communs
d'une telle évidence. Un athée déterminé n'est un
honnête homme que parce que son bon plaisir est
de l'être. Mettons qu'il en a plus de mérite et que sa
vertu est plus à lui que la nôtre n'est à nous; mais

quel avenir, on l'a dit depuis longtemps, ne mena-
cerait pas une société de gens incrédules par système? Le jeu des passions humaines détruirait en un
instant l'équilibre le plus artistement ménagé des
doctrines philosophiques. Les voulez-vous si bien
nés qu'ils restent vertueux dans leurs rapports ré-
ciproques? à tout le moins ils auront peu de goût
pour la liberté et ne reculeront pas d'épouvante devant les flatteries naissantes du despotisme.

Les doctrines spiritualistes n'offrent pas le même
danger que tout ce qu'on appellera matérialisme,
athéisme ou panthéisme. La chanson du *Panthéisme*
a mille fois raison quand elle dit ironiquement à un
ancien prophète saint-simonien :

> Prophète, ces gens déraisonnent;
> Ils prédiront, dans leurs regrets,
> Qu'au sol où les tyrans moissonnent
> Ton culte fournira l'engrais.
> Plus d'un républicain le pense,
> Aveugle qui préfère encor
> Au panthéisme à large panse
> Le mysticisme aux ailes d'or.

Le mysticisme veut dire ici le spiritualisme, qui
laisse à l'homme le droit d'appel à Dieu, et non pas
le mysticisme des gens énervés qui ne vivent que
dans l'extase et le miracle.

En somme, les étiquettes des philosophies et des
religions ne signifient rien : cet honnête homme qui
se croit panthéiste n'est qu'un déiste ami des grands

rêves poétiques ; celui-là qui, sans charité, compté
sur sa belle part de paradis et s'est fié toute sa vie
dans ses dévotions minutieuses au saint rosaire et à
tel autel privilégié de l'Immaculée Conception, n'est
réellement qu'un épais matérialiste.

Ce sont les œuvres, non la croyance, que Dieu juge.
Les œuvres sont à l'homme ; sa croyance ne vient pas
de lui, et c'est encore là ce qu'il faut chanter et ce
qu'il faudrait prêcher, dans l'intérêt même des sociétés humaines et pour l'honneur de la philosophie
et de la religion. J. J. Rousseau allait plus loin et
disait admirablement : « Vous objectez [1] que, si Dieu
eût voulu obliger les hommes à le connaître, il eût
mis son existence en évidence à tous les yeux. C'est à
ceux qui font de la foi en Dieu un dogme nécessaire
au salut de répondre à cette objection, et ils y répondent par la révélation. Quant à moi qui crois en Dieu
sans croire cette foi nécessaire, je ne vois pas pourquoi Dieu se serait obligé de nous la donner. Je pense
que chacun sera jugé non sur ce qu'il a cru, mais
sur ce qu'il a fait, et je ne crois point qu'un système
de doctrine soit nécessaire aux œuvres, parce que
la conscience en tient lieu. »

N'étouffons jamais en nous la voix de cette conscience qui nous parle si souvent de Dieu, qui nous
atteste notre immortalité, qui, suivant les temps et
les lieux, nous indique à tous notre devoir, c'est-à-

---

[1] *Lettre à Mme de ***, 15 janvier 1769.

dire notre rôle naturel dans les évolutions du monde humain, et nous sommes sûrs de n'avoir à craindre aucun châtiment dans l'éternité. Ceux qui nient Dieu, quand on les somme d'indiquer les racines de la morale, les montrent dans la conscience [1]. Cette conscience qui suffit sans Dieu, avec Dieu suffit encore.

La théodicée de Béranger n'est donc pas compliquée.

Il y a un Dieu devant lequel doit s'incliner quiconque sent que Dieu existe; et chez tout homme ce Dieu, même en restant caché, parle par la voix de la conscience. Voilà toute la philosophie; voilà où asseoir toute la morale.

> Une ombre de Dieu brille en nous;
> Je le sens, et pourtant j'ignore
> Ce qu'à ses yeux nous sommes tous
> Sur ce vieux sol qui nous dévore [2].

Même en cherchant bien, même après trois mille ans de systèmes accumulés, nul n'en sait davantage. Les études de philosophie détaillée sont certainement très-intéressantes pour les gens de loisir, mais elles ne sont pas nécessaires à l'humanité. Elles sont même nuisibles à la plupart de ceux qui s'y livrent,

---

[1] La théorie de l'*Immanence*, de M. Proudhon, n'est pas autre chose que la divinisation de la conscience universelle. Il ne supprime pas Dieu, il le recule; et, comme l'homme toujours cherche Dieu, sa peine en grandit.

[2] *Mon Ombre.*

sans laisser raturer ensuite au sens commun leurs
dissertations les plus ingénieuses.

Et, (pour continuer avec une autre chanson),

> Et combien de docteurs modernes,
> En ballons d'un vaste appareil,
> Vont sans cesse, armés de lanternes,
> A la recherche du soleil !

C'est l'histoire de toutes les écoles de philosophie
allemande, depuis Leibnitz.

Ainsi, faisons fort peu de métaphysique de fan-
taisie, faisons-en le moins possible : non pas qu'il
faille cesser d'interroger la nature autour de nous
et au-dessus de nous; mais parce qu'il faut revenir
sans cesse à nous-mêmes, et ne pas laisser oisif l'excellent juge qui habite chez chacun de nous et qui
s'appelle la conscience ou la raison.

De la lumière ! toujours de la lumière ! La jouissance suprême est de voir clair ; le comble de l'art,
c'est de ne jamais émettre une pensée qui n'ait pas de
sens, c'est de ne jamais écrire un mot qu'il faille
lire deux fois pour le comprendre. Peu à peu nous
arriverons tous à cette grande joie que la clarté des
pensées doit répandre parmi les hommes. L'esprit
humain se mouvra enfin dans son entière liberté.

Voyant ou croyant le catholicisme orthodoxe en
décadence, ceux qui pensent qu'il sera remplacé par
une foi faite de toutes pièces disent [1] : « Le temps
est propre pour une rénovation de la théologie. »

[1] Jean Reynaud, *Ciel et Terre.*

Erreur profonde! Nous avons toujours marché en
avant : de l'idolâtrie aveugle au paganisme anthro-
pomorphique, du paganisme de la Grèce et de Rome
au christianisme émancipateur des pauvres et conso-
lateur des affligés; nous ne pouvons pas maintenant
reculer de la philosophie dans une théologie nouvelle. Notre philosophie même doit chaque jour se
débarrasser des systèmes inutiles. C'est à la française qu'il faut penser : peu et bien, comme a fait
Rousseau dans l'*Émile*, comme a fait partout Voltaire.

L'économie politique peut être profonde et extrêmement habile chez les écrivains spéciaux ; elle ne
se fait lire et ne se fait comprendre à tout le monde
que chez M. Thiers. De même la philosophie n'est guère
abordable aux braves gens que dans Voltaire ; et la
morale, que dans l'Évangile.

A vingt ans, on écrit partout le mot philosophie :
philosophie de l'histoire, philosophie des lettres,
philosophie des sciences ; à trente ans on s'en moque
avec Pascal, parce qu'on sait que le sens commun
est l'unique lumière qui ne vacille jamais, et qu'il
n'a pas besoin de passer par le doute méthodique de
Descartes pour arriver à une croyance. Il est certain
que nous sommes encombrés de thèses, de théories
et de systèmes.

> Grâce aux doctrines éclectiques [1],
> En France, on doit s'entendre au mieux

[1] *L'Olympe ressuscité.*

A redorer les basiliques,
A rebadigeonner les dieux.

Ce siècle-ci, avec sa prétendue impartialité qui
n'est chez tant de gens que de l'indifférence, a battu
tous les buissons de l'histoire et de la philosophie.
Quelle nourriture l'esprit humain y a-t-il trouvée?
Dites quelle viande creuse. C'est un signe de grande
intelligence, dans une telle cohue, d'aller au plus
pressé, de choisir une lumière, la plus en vue, la plus
nette, et de la planter au beau milieu de cette foule
qui marche à l'aventure? En d'autres temps les systèmes, les théories et les thèses philosophiques sont
d'excellents exercices à pratiquer : maintenant rien
n'est aussi nécessaire que la régularisation des idées
communes et la simplification de la philosophie générale.

Ne craignons pas d'être courts, pourvu que nous
soyons vrais. C'est ainsi que la doctrine de Béranger non-seulement suffit à l'humanité, mais l'emporte sur toute autre, dans la confusion présente
des doctrines.

Contre les gens qui se disent athées et ceux qui
réellement ne vivent que dans l'adoration de la
matière, contre ces corrupteurs volontaires ou in-
volontaires de la morale privée et de la morale
publique, Béranger tient hardiment levé le drapeau
de Dieu. Mais c'est aussi l'enseigne de la tolérance,
et c'est toujours l'enseigne de la raison ; il repousse

donc, avec la même force, quiconque veut lier les
hommes au nom de Dieu, quiconque les effraye et
les tourmente.

Au temps où il écrivait ses chansons les plus har-
dies, il y avait péril pressant pour la civilisation
moderne. L'hypocrisie et l'intolérance avaient ré-
pandu l'obscurité et la terreur sur ce vaillant et
lumineux pays de France. Béranger seul, et ce fut
assez, descendit dans l'arène et combattit sans relâche. Il se rappelait le mot de Voltaire : « J'ai vu [1]
qu'il n'y avait rien à gagner à être modéré, et que
c'est une duperie : il faut faire la guerre et mourir. »

Béranger fit la guerre et triompha.

Aujourd'hui le danger n'existe plus, quoique les
apparences du danger puissent se reproduire et se
soient peut-être reproduites. Le moindre citoyen
maintenant, et les plus zélés défenseurs du principe
d'autorité n'ignorent pas que, si l'athéisme ruine à
la longue la liberté, le pouvoir est ruiné aussi dès
que la nation ne compte plus sur son exacte et ri-
goureuse impartialité en face des différentes manières de croire en Dieu et d'honorer Dieu [2].

---

[1] *Lettre à d'Alembert* du 20 avril 1761.

[2] C'est pour cela qu'on voit l'Empereur se féliciter à Sainte-Hélène
d'avoir été un chef d'empire notoirement incrédule.

« Nul doute, dit-il (*Mém.*, I, p. 669), que ce ne fût un bienfait pour
les peuples ; et autrement, comment aurais-je pu exercer une véritable
tolérance? comment aurais-je pu favoriser avec égalité des sectes aussi

On n'a donc plus de craintes réelles, et, quand les circonstances amènent des mouvements de réaction ou de restauration plus vifs qu'on ne s'y attendait, ceux même qui en veulent le plus profiter, comme ceux qui en souffrent le plus, tout le monde sait à quoi s'en tenir sur leur énergie réelle et sur leur sincérité.

La cause de la tolérance et de la raison douce est probablement gagnée à jamais en France. Béranger, du moins, est mort avec cette pensée. S'il n'avait cru que l'antique orthodoxie, si opiniâtre, si ignorante, si cruelle au besoin, n'était pas, à quelque filament près, déracinée du sein de la civilisation, il n'aurait pas mis dans ses chansons dernières une expression si clémente d'oubli pour les querelles sanglantes d'autrefois, et d'espoir pour la pacification des religions et des cultes.

Sa magnifique chanson de l'Apôtre est son dernier cri de guerre.

contraires, si j'avais été dominé par une seule? » Quand Napoléon s'exprime ainsi, il sait que ses paroles sont recueillies, et il devine le retentissement qu'elles peuvent avoir un jour en Europe. Il a pesé tous ses mots, et ce n'est pas en souverain héréditaire qu'il pense : il parle comme doit parler un philosophe qui n'examine plus que la marche des sociétés humaines et ne désire plus que leur perfectionnement. S'il a agi en 1801 d'une manière et parlé d'une autre en 1816, c'est qu'il visait, dès l'année 1801, au pouvoir absolu, et que l'ancienne orthodoxie rétablie doublait dans sa main ses chances de succès. Déchargé du faix de l'ambition personnelle, Napoléon tient le langage de Voltaire, de Béranger, et, s'il plaît à Dieu, le langage de toutes les dernières générations du dix-neuvième siècle.

> Paul, où vas-tu ? — Je vais braver nos maitres,
> Fardeau des peuples gémissants.
> — Tremble ! ils te livreront aux prêtres
> En échange d'un peu d'encens.
> — Non, non ; je vais braver nos maitres,
> Fardeau des peuples gémissants.

Son vers est presque attendri lorsque, arrivé au terme de sa course, il dépose son bâton de voyage et lui dit :

> Pour quelque proscrit, tribun, pape, ou roi,
> Je veux te laisser au bord de ma tombe.

Un ange même, dans la *Dernière Fée*, prédit les temps nouveaux à un prêtre tout étonné de voir un messager de Dieu pleurer sur le tombeau d'une fée.

> Hors le grand Dieu, tu le vois, tout succombe.
> Crains pour le temple où la foi t'a bercé ;
> A tes autels si déjà l'homme insulte,
> Prêtre, à la fée accorde quelques pleurs,
> Et viens m'aider à suspendre ces fleurs
> Sur l'humble fosse où descend tout un culte.

Respect et gloire à Dieu, mépris de ceux qui usurpent son nom pour le mal des hommes, tout Béranger est dans ces deux fragments des chansons posthumes. Sa mort, cette mort douloureuse, dont on a tant parlé sans la connaître, ne les a point démentis et ne pouvait les démentir[1].

[1] L'éditeur, d'ailleurs si consciencieux de la *Correspondance de La-*

Il est mort déiste, parlant quelquefois de Dieu
et de l'avenir, quand sa raison s'éclaircissait, avec
des paroles étranges et d'une voix inspirée. Plût

mennais, publiée ces jours-ci, a eu le tort, dans ses Notes et Souvenirs, de comparer la mort et les funérailles de Lamennais à la mort et
aux funérailles de Béranger. Ce n'est pas sans quelque aigreur qu'il
oppose l'admirable énergie de volonté dont l'un a fait preuve jusqu'à
son dernier souffle à l'espèce de réconciliation avec l'Église orthodoxe
que l'on suppose avoir été désirée par l'autre. Il oublie que peu importe
comment Béranger devait mourir, et que sa vie tout entière attestait
assez fermement sa pensée constante ; tandis qu'il importait beaucoup
que l'on ne vît point l'auteur de l'*Essai sur l'indifférence* revenir à ses
premiers sentiments. Il oublie surtout que la mort de Béranger n'a pas
été en contradiction avec sa vie, et que c'est un faux bruit qui a fait
croire un instant le contraire. Pendant les trois dernières semaines, la
maladie avait, d'ailleurs, enveloppé d'un nuage l'intelligence si lumineuse du poëte.

Un autre écrivain, dont les amis de la liberté et de la raison estiment les écrits et louent le caractère, a commis une erreur bien plus
grave : il s'est emporté dernièrement, dans un article de journal, jusqu'à l'outrage, et il n'a pas craint, en parlant de Béranger et en l'accusant d'une mort pénitente, de parler de cadavre à traîner aux égouts.
Je pense qu'il s'en repent.

Mais, puisque de ce côté même partent de pareilles insultes, il faut
une fois de plus dire quelle a été cette conversion ou ce repentir qu'on
attaque.

Puisque j'ai eu l'honneur d'écrire, à la suite de Ma Biographie,
l'*Appendice* qui la termine, je puis me citer moi-même et j'affirme
que ce que je dis est rigoureusement vrai.

Il y a dans l'*Appendice* ce passage :

« La sœur de Béranger, religieuse cloîtrée, ne le voyait qu'une fois
l'année (et dans son couvent) depuis son entrée en religion. Elle vint le
voir, autorisée par l'archevêque et accompagnée d'une autre religieuse.
La porte lui fut ouverte ; elle embrassa son frère, reçut ses embras-
sements silencieux, se retira et ne put (ou ne voulut pas) revenir ;
mais elle témoigna sa reconnaissance aux amis de Béranger et envoya
chaque jour chercher des nouvelles. M. Jousselin, l'ancien curé de
Passy, devenu curé de Sainte-Élisabeth, avait retrouvé Béranger dans

à Dieu que nous mourrions tous de la sorte, après
avoir ainsi vécu, dans le giron de la sagesse, de la
raison, de la tolérance, à égale distance de l'hypo-

sa paroisse. Ils avaient parlé encore de leurs pauvres. Lorsque la maladie de Béranger sembla toucher à son terme, M. le curé lui vint rendre visite. *Leurs conversations furent rares, très-courtes et peu importantes*. Il y en a une, la dernière, qu'on a racontée de manières
bien diff'rentes. Au moment où M. l'abbé Jousselin, pour se retirer,
tendait la main à Béranger, Béranger lui dit d'une voix nette : « Votre
« caractère vous donne le droit de me bénir. Moi aussi, je vous bénis.
« Priez pour moi et pour tous les malheureux : ma vie a été celle d'un
« honnête homme. Je ne me rappelle rien dont j'aie à rougir devant
« Dieu. »

Dans ma brochure sur les *Erreurs des critiques de Béranger*, j'ai dû,
en parlant des funérailles et de la manière dont on en parla, revenir,
avec quelques nouveaux détails, sur le texte de l'*Appendice*.

« Les journaux religieux, disais-je, sauf une ou deux échapp'es,
gardèrent le silence. Était-ce l'effet des magnifiques funérailles et la
marque de la honte? Il s'agissait d'une petite expérience qu'on voulait
faire et qui n'a pas réussi. On pensait à répandre le bruit de la conversion de Béranger. Le poëte n'y eût pas gagné le pardon de ses adversaires et il pouvait y perdre les sympathies philosophiques de ceux
qui, sur cette terre de misères, cherchent la vérité courageusement, à
leurs risques et périls. Voltaire n'avait-il pas été soumis exactement
au même travail?

« Nous avons confessé Béranger, dirent-ils; nous l'avons absous à
« Sainte-Élisabeth. Béranger a renié sa vie. Que la terre lui soit légère ! »
Peut-être y a-t-il des personnes qui ont cru que Béranger s'était réellement confessé. « Béranger a reçu son pardon, » dit M. Proudhon
dans son dernier livre. Je ne crois pas que le pardon ait été donné ;
en tout cas, la confession n'a pas eu lieu.

« Voici l'exacte et entière vérité sur ce point important. Mademoiselle Béranger, religieuse cloîtrée, devait naturellement désirer que son
frère fît une fin chrétienne. Le 6 juillet, M. Perrotin reçut une lettre

---

* Dans une biographie de Béranger faite pour un journal à deux sous, on a trouvé
étrange que j'insistasse si particulièrement sur ce point. Je trouve encore bien plus
étrange cette remarque. La vérité, en un cas semblable, doit-elle jamais être
amoindrie? Je ne suis rien, mais mon témoignage est quelque chose.

crisie destructive et du doute destructeur de la
morale humaine, pleins de respect pour le nom de
Dieu, sachant bien pourquoi nous croyons en lui.

fort polie et très-digne par laquelle il était prié, au nom de mademoiselle Béranger et *de la communauté*, de p éparer une entrevue entre
l'abbé Jousselin et le malade, — lettre signée *Marie-Sophie*, supérieure. M. Perrotin ne pouvait avoir la pensée d'introduire chez son
ami un prêtre qu'il n'avait pas demandé à voir.

« D'un autre côté, l'un des amis de Béranger, M. Thomas, payeur
central du ministère des finances et catholique sincère, ayant entendu
Béranger parler de Dieu (ce qu'il faisait souvent, avec émotion, mais
en des termes philosophiques), crut devoir aller trouver M. Jousselin, curé de la paroisse et ancien curé de Passy. C'est ainsi que M. le
curé de Sainte-Élisabeth vint voir Béranger. Il a été dit dans l'*Appendice* qui suit MA BIOGRAPHIE que ses visites furent rares, très-courtes,
et inutiles à raconter. Le peu de paroles intéressantes qui furent pro-
noncées y ont été fidèlement transcrites.

« Mademoiselle Béranger, autorisée par l'archevêque, vint voir son
frère. Il ne fut pas question entre eux de religion *.

« Vers le temps où M. Jousselin fut nommé chevalier de la Légion
d'honneur, le bruit courut qu'il allait publier une brochure sur les

---

* On a dit que mademoiselle Béranger avait espéré une conversion et qu'elle eut
la douleur de se voir froidement accueillie par son frère, que M. Antier l'empêcha
de parler, qu'elle se retira mécontente. Voici la lettre qu'elle a écrite à M. Antier,
le 17 juillet 1857, et dont elle a permis qu'on fît usage :

« Monsieur,

« C'est une consolation pour moi, au milieu de ma profonde douleur, de savoir
que mon bien-aimé frère a trouvé un ami comme vous, qui lui a donné jusqu'à la
fin les témoignages du plus sincère dévouement. Je sais les soins pénibles que lui
a prodigués aussi madame Antier, et je n'ai point d'expressions pour vous en
témoigner à l'un et à l'autre ma vive reconnaissance. Que ne puis-je être à même
de vous en donner des preuves efficaces !

« Recevez, monsieur, et veuillez faire agréer à madame Antier l'*expression de
mes sentiments respectueusement dévoués et de la gratitude qui toujours vivra au
fond de mon cœur*.

« Votre très-humble servante,

« SOPHIE BÉRANGER. »

Ainsi se démentent deux assertions différentes : 1° Béranger n'a pas demandé à
se confesser ; 2° les amis de Béranger n'ont pas eu besoin de s'interposer entre lui
et mademoiselle sa sœur.

et nous faisant l'honneur de tirer de notre intelligence, comme de notre âme, l'hommage que nous
lui rendons, sans regret pour la vie que nous avons
aimée, sans crainte pour l'heure inconnue qui va
suivre l'heure de la mort.

Aucun sujet d'étude n'est plus grave; il s'agit
là du terrible pair ou non de Pascal qui menace les
âmes hésitantes. Dieu, la mort, l'éternité, ces mots
retentiront peut-être fulgurants d'épouvante sur
notre lit de vieillesse et de maladie. Nous devons
tous mourir en effet; notre chair à tous, ta chair,
ô mon lecteur! sera flétrie et décomposée quelque
jour.

Choisissons cependant.

S'il est une religion clairement révélée aux hom-

derniers moments de Béranger. Des amis du poëte, qui savaient
combien peu ces derniers moments avaient fourni de matière à un
écrit religieux, se préparèrent à rendre publique une déclaration qui
contiendrait le résumé authentique de tou' ce qui s'était pas é dans la
chambre du mourant; mais le bruit qui avait pris cours étant tombé
bientôt et la brochure n'ayant pas paru, la déclaration devint inutile.

« Lorsqu'il parut impossible de soutenir le bruit de la conversion de
Béranger, l'*Univers*, soi-disant religieux, chef de meute, et tous les
petits journaux des diverses provinces reprirent le chœur interrompu
de leurs injures, et ils le reprirent avec un élan, un ensemble, un air
de sécurité, qui ne pouvaient manquer de déterminer les retardataires
à dire leur mot de « ce coquin de Béranger. »

Et je réimprime, une fois encore, la note qui, dans la brochure, se
rapportait à ce passage :

« Pourquoi M. E. de la B ***, voulant imprimer une Vie de Béranger à dix centimes et ayant une gravure à mettre quelque part pour
illustrer son texte, a-t-il choisi un dessin repr'sentant, en apparence,
la confession de Béranger? »

mes par le Dieu de l'infini, si ce Dieu veut les punir, comme d'un crime, de ce qu'ils vivent; si la vie est un péché dont il faut nécessairement se racheter, si une foi spéciale est le seul moyen de salut qui nous soit accordé, faisons violence à la nature, rejetons de notre âme la liberté de penser, courbons la tête sous la foi, chargeons les sciences de chaînes, rougissons de honte à la moindre idée d'indépendance ou de plaisir, et adorons en silence la volonté des rois qui nous sont donnés par la Providence divine. Si la raison résiste, si notre cœur se révolte, s'il veut, coûte que coûte, aimer un Dieu paternel, si l'Évangile nous parle un autre langage que l'Église, abandonnons-nous au sentiment de la dignité humaine, croyons à notre rôle, redressons le télescope en face des nébuleuses les plus lointaines, osons penser, osons louer la joie, et pratiquons enfin la liberté.

Tout cela sans injure pour aucune religion d'autrefois, et sans ingratitude particulière pour la religion catholique qui a eu de si beaux jours, qui, nous le savons bien, est un chef-d'œuvre de politique et de théologie pour les savants et qui a donné, qui donne encore à tant d'ignorants des consolations et des espérances appropriées à leur pauvre génie.

Il y a de Béranger un vers autrefois célèbre :

Qu'on puisse aller même à la messe,
Ainsi le veut la liberté.

Cet homme si sage, si juste, si véritablement ami
des hommes, n'a jamais songé à faire violence à qui
que ce fût. Il respectait la superstition elle-même, là
où elle était sincère. Sans pitié pour les spéculateurs
qui font de la foi d'autrui métier et marchandise, il
eût au besoin confirmé dans leurs erreurs les âmes
simples qui n'ont jamais connu que ces erreurs et
chez lesquelles on ne saurait les détruire sans y semer
du même coup le désespoir. C'est le fanatisme, et non
la faiblesse d'esprit, qui est un crime. Les pêcheurs
de France ou d'Italie invoquaient autrefois Neptune
dans les naufrages ; avec la même ardeur, au moment
du péril, ils invoquent aujourd'hui la Vierge. Est-ce
cette habitude, d'ailleurs indestructible, qui arrêtera
la civilisation moderne? D'où qu'elle vienne, laissons
aux humbles, qui ne doutent pas par eux-mêmes,
leur croyance consolatrice, n'allons les protéger contre leur foi que si elle commence à leur nuire.

Assurément l'homme qui a besoin de croire a également besoin de purifier sans cesse le culte qu'il rend
à Dieu et d'y mettre chaque jour une plus grande
part de sa raison. Mieux il comprendra ce qu'il fait,
meilleur devient son hommage. Assurément aussi le
temps purifie les religions et y donne un rôle toujours plus actif à l'intelligence. Mais, si nous songeons
au peu de siècles écoulés depuis que l'histoire écrit
la vie des nations, si nous jetons les yeux sur la variété
et le nombre des peuples qui attendent une civilisation
égale à la nôtre, si chez nous-mêmes et jusqu'en nos

villes les plus brillantes, nous étudions la manière de penser de la plupart des hommes, nous devons, à moins de n'aimer que les rêves, reconnaître que le temps où les religions seront tout à fait inutiles est bien loin d'être arrivé. Bien plus, il n'arrivera probablement jamais : car il est à peu près certain que l'inégalité des intelligences subsistera jusqu'au dernier jour de l'humanité. Le goîtreux des Alpes pensera toujours d'une autre façon que Newton ou que Corneille. Ce n'est pas à nous qu'il appartient de corriger jusqu'à l'œuvre de Dieu. Ceux qui conseillent sérieusement l'athéisme ou, du moins, la destruction violente de tout sentiment religieux ne voient-ils pas dans quel abîme seraient jetés les esprits faibles ? Ils paraîtraient peut-être, sous une pression puissante, les athées les plus hardis, comme ils sont les croyants les plus crédules ; mais quelle triste vie et quelle mort triste on leur inflige ?

Non, non, nous n'avons pas le droit de créer de telles misères.

> Qu'on puisse aller même à la messe,
> Ainsi le veut la liberté.

Il faut conclure néanmoins, et comment conclure ?

Béranger croit énergiquement en un Dieu créateur, en un Dieu juste et bon. Il sait que l'athéisme est plutôt une maladie de l'intelligence qu'une philosophie ; il pense encore qu'il n'y a point d'athées véritables et que ceux qui nient Dieu n'en veulent qu'aux religions corruptrices de la raison.

En même temps qu'il croit en Dieu, Béranger croit à l'immatérialité de l'âme et à la vie future. Il y croit, parce qu'il y croit et aussi parce qu'il veut y croire. La grande majorité des hommes ne partage-t elle pas instinctivement la même croyance? Non-seulement cette doctrine est fortifiante et consolante ; mais plus qu'aucune autre elle favorise dans le sein des sociétés humaines le développement des vertus privées et des vertus publiques. Aucune autre n'est un auxiliaire plus puissant des idées de dignité individuelle et de liberté.

Mais, si quelqu'un, de bonne foi, doute de Dieu et doute de son âme, si quelqu'un n'a pas soif d'éternité, Béranger ne croit pas que ce tort de l'intelligence d'un homme lui puisse être imputé à crime par Dieu : ce sont les œuvres que Dieu juge, et non pas la croyance.

Croyons en Dieu et n'enfreignons pas les ordres de la conscience. Si nous ne croyons pas, vivons honnêtement, et cela peut suffire encore.

Ce qu'il faut avant toute chose à cette jeune et craintive humanité qui d'hier à peine est émancipée, qui ne pense encore avec calme que dans la raison de quelques-uns de ses représentants les mieux doués par Dieu, c'est une croyance toute simple, la plus claire, la plus douce possible. L'histoire raconte comment les religions et les philosophies diverses se sont succédé déjà les unes aux autres sur la terre et comment le christianisme, il y a près de deux mille ans, a recueilli l'héritage des générations antérieures. Elle montre que toutes les fois qu'une religion devient une entrave à la civilisation d'un peuple, ce peuple coupe le câble qui retient son activité attachée à des principes désormais frappés d'inertie. Il est donc absolument nécessaire que les religions modernes se dégagent, pour subsister, de ce qui pèse inutilement en elles, et qu'autour de la croyance plus ou moins chargée de dogmes, que les siècles se transmettent, il y ait chaque jour un préjugé de moins, une pensée de plus. Il est nécessaire surtout que les hommes ne soient pas écartés du besoin de croire par le besoin, plus pressant quelquefois, de se défier de ceux qui disent qu'il faut croire et comment il faut croire. La meilleure religion est celle, par conséquent, qui place le moins d'hommes entre Dieu et l'homme, le moins de mystères, le moins de dogmes entre la vérité éternelle et l'intelligence humaine.

La pacification définitive des idées, l'organisation de la grande politique de l'avenir, ne cessera d'être une chimère que lorsque nous aurons chassé de chez nous, sans retour possible, tout ce qui encourage et entretient l'hypocrisie, le fanatisme, l'intolérance.

Mais la question n'est pas si aisée à résoudre. Comment se fait-il, en effet, que lorsqu'une religion chancelle depuis longtemps dans les cœurs, il y ait toujours pour la redresser, et coûte que coûte, des personnes qui , en réalité , ne croient pas à son avenir ?

Cela vient de l'excessive paresse qui empêche le plus souvent les hommes d'agir, et de leur crainte incurable de l'inconnu. Ils se cramponnent à ce qui est, comme à un arbre, jusqu'à ce que la dernière branche casse. De cette manière, les choses durent toujours mille ans de plus qu'elles n'auraient duré, et, entre la première décadence d'une grande idée générale et le triomphe définitif d'une autre idée, il y a place pour le sacrifice de vingt ou trente générations, qui vivent d'incertitude sans qu'il y ait de leur faute, et que l'histoire blâme plus tard de leur ignorance ou de leur indifférence. Comment les choses pourraient-elles s'arranger mieux et marcher plus vite ? le jeu des intérêts est si compliqué ! tant de conventions passent comme un héritage sacré des pères aux enfants ! il y a de si habiles spéculateurs pour demander qu'on ménage partout les transitions et qui prouvent, à des sociétés convaincues d'avance, qu'on ne connaît rien de plus agréable, en somme, que la stabilité de toutes les institutions ! La religion d'un pays étant au premier chef une institution nécessaire, et par mille canaux en découlant et y aboutissant les lois et les mœurs, il a été jugé facilement qu'y toucher est un crime. L'histoire ne révèle-t-elle pas la gravité de tout effort fait jusqu'ici pour modifier le culte rendu à Dieu ? Mahomet a une vision, et la moitié du monde est ensanglantée

par la conquête; Luther demande qu'on réforme
l'Église, et tout le seizième siècle devient en Europe
un champ de bataille plein de douleurs et plein de
larmes!

Les sages d'aujourd'hui, et Béranger à leur tête,
s'opposent à ce que la violence ensanglante désormais les, conquêtes de la sagesse. Si les humbles,
et il y aura toujours des humbles d'esprit, ne veulent pas, ne peuvent pas être élevés jusqu'à la lumière philosophique, nous n'irons point de force
dévaster leur intelligence déjà stérile, et, dès le
moment que quelques-uns de nous restent en arrière, nous comprendrons qu'une religion n'est pas
inutile.

Concluons maintenant d'une manière décisive,.
car la philosophie pratique, comme politique sé-
rieuse, ne se passe pas de conclusions.

On ne détruit que ce qu'on remplace. Or, y a-
t-il quelqu'un qui puisse, en supposant qu'il le doive,
déraciner aujourd'hui même tout le catholicisme et
tout le christianisme? A-t-il à planter un meilleur
ombrage pour le rafraîchissement des âmes? A-t-il
à promettre, dès demain, de meilleurs fruits?

Non, n'est-ce pas? C'est donc, sinon à l'une des
religions issues du christianisme, du moins à la
doctrine chrétienne, qu'il faut borner nos désirs
d'améliorations religieuses. La morale de l'Évangile
n'est pas pour être rejetée ainsi d'un monde qui
ne l'a pas encore su pratiquer sincèrement!

Au seizième siècle, la France, quand le moment était propice pour se réformer[1], est restée catholique. En 1801, au moment où la majorité des fondateurs de la nouvelle société et la plus grande partie de la nation ne pratiquaient plus[2] et ne réclamaient pas la religion romaine, le premier Consul, avec le désir, de concentrer dans ses mains toutes les forces de gouvernement et en vue d'asseoir solidement son autorité, signa le Concordat qu'on blâmait autour de lui, et défit l'œuvre de l'Assemblée constituante. C'était en ces deux occasions qu'on pouvait tenter d'introduire d'un seul coup en France une manière d'honorer Dieu qui coûtât le moins possible à la raison et qui ne fût jamais un obstacle à la liberté. Aujourd'hui, il n'y a que des vœux à former.

Béranger, qui a si vivement raillé et maudit les vices et les mauvaises passions d'une partie du clergé catholique, qui a prédit pour un temps prochain la chute de Rome, n'a cessé de louer et de chanter l'Évangile.

Qu'est-ce que cet Évangile qui ne périt pas, quand même Rome et les prêtres de Rome périraient? Quelle est cette doctrine qu'un déiste comme Rousseau ou comme Béranger recommande au respect des hommes? C'est la doctrine et le code moral de

---

[1] V. le *Mémorial*, t. II, p. 112 de l'édit. Bourdin.
[2] V. Thibaudeau, *Mémoires sur le Consulat*, p. 157 et chap. xvii de *l'Histoire du Consulat et de l'Empire*, du même auteur.

ceux qui veulent unir désormais le culte de Dieu et la liberté de penser [1].

Encore une fois il faut conclure; et l'on ne détruit que ce qu'on remplace.

Est-ce le gallicanisme qui suffira pour cette tâche? Sont-ce les quatre articles de la déclaration du clergé de 1682 qui vengeront la raison et la liberté de tant d'outrages? D'ailleurs, le gallicanisme est mort de faiblesse : il n'y a plus, et au fait il ne peut plus y avoir que le catholicisme de Rome.

Est-ce le rationalisme pur qui, dès aujourd'hui, peut être la foi de la foule ignorante? Cette seule question indigne bien des gens; au nom de l'esprit gaulois, ils se récrient contre l'apparence même d'un doute [2]. Ils pensent que c'est un blasphème de

---

[1] A la page 67 du *Traité de l'Orthodoxie moderne*, de M. Coquerel, je trouve cette définition de l'orthodoxie des protestants modernes :

« Une opinion moyenne, qui se place à une aussi grande distance du pur calvinisme que du pur rationalisme, qui chérit l'Évangile beaucoup plus que la théologie, qui préfère le sermon sur la montagne et les discours après la première sainte Cène à toutes les confessions de foi, qui incline très-fortement vers une simplicité évangélique dans les doctrines et vers la prédominance d'un christianisme pratique, qui n'a point peur du progrès, qui admire beaucoup l'invincible fidélité de nos pè. es et n'entend rien à leur dogmatisme ; une opinion point savante, point querelleuse, point mystique, très-peu amie du prosélytisme agressif et très-ennemie de toute intolérance ; mélange de bon sens et de foi chrétienne, d'instinct et de réflexion. »

[2] « Que les adversaires secrets ou déclarés de la domination de l'Église romaine en ce pays ne s'attachent point servilement, dans la poursuite de cette grande guerre, à l'imitation d'une tactique qui l'éternise et que l'expérience a condamnée. Qu'ils se persuadent bien qu'ils n'auront pas plus d'esprit que Voltaire, ni plus d'honnêteté cou-

dire que les hommes instruits et les hommes sans
instruction peuvent avoir une foi un peu diffé-
rente; ils en appellent au peuple de l'insulte qu'on
lui fait; ils déclarent que, si la religion n'est qu'un
frein, il faut détruire jusqu'au nom de Dieu ; ils
perdent le sens, en un mot, et ne voient pas que
ce n'est pas seulement du présent qu'il s'agit, mais
de tout l'avenir.

La France, dit-on, a depuis longtemps sauté au
delà de la réforme de Luther et de Calvin. Aussi ce
n'est pas le luthéranisme ou le calvinisme du seizième siècle qu'il est bon de lui recommander; ce
n'est pas même un protestantisme quelconque. Ce
qu'on peut désirer, chercher, préparer, c'est, dans
l'état actuel des esprits et dans cette inégale répar-
tition des lumières, une religion raisonnable qui
permette que chacun soit son confesseur et, selon
ses forces, s'explique sa doctrine. L'esprit français
donnera de la vie à ce qui n'est qu'un rêve. Ne craignons pas qu'il se laisse mortifier par les sévérités
d'une morale trop rigide, et, d'autre part, désirons
qu'il se rappelle plus souvent le Dieu de l'Évangile
au milieu de ses plaisirs.

Béranger le lui rappelle sans cesse. Voilà ce qu'au-

rageuse que l'Assemblée constituante, ni plus d'audace que la Convention, ni plus d'invention et de fécondité en matière de culte que
Laréveillère-Lépaulx. Qu'ils soient enfin convaincus que la théophilanthropie spéculative est un aliment trop léger pour la multitude, et que
la théophilanthropie pratique est le grand chemin des concordats. »
(Prévost Paradol, *De l'impiété systématique*).

raient dû ne pas oublier quelques-uns de ceux qui, avec les mêmes idées et les mêmes désirs que lui, chargent sa mémoire de tant de fautes imaginaires. Quand on loue Chaning, il faut savoir admirer Béranger [1].

Les uns l'accusent d'impiété, et nul n'a maintenu plus vigoureusement l'idée de Dieu dans les esprits. Les autres lui reprochent la tolérance pratique et la douceur de ses chansons dernières, et nul, depuis Voltaire, n'a plus fait pour dégager le culte naturel et l'idée de Dieu de tous les voiles dont vingt siècles l'ont entourée.

Sans doute, il fut modéré dans ses actes et dans ses derniers vers; mais il eut, au besoin, l'énergie de la modération, et il montra, si l'on peut dire, en philosophie, le fanatisme de la tolérance [2]. Vertu précieuse et rare !

[1] La plupart des journaux protestants l'ont bien compris; et, quand Béranger mort était traîné sur la claie par un si grand nombre d'écrivains catholiques, il fut respectueusement salué par d'autres chrétiens.

[2] Pour clore ce premier chapitre, il y a une lettre de Béranger, écrite en 1840 à Lamennais, qui montre bien ce qu'il y avait de modéré et d'humble dans la philosophie de ce continuateur si hardi de Voltaire et de quelle manière croyait en Dieu ce penseur, qui avait besoin de si peu raisonner pour être si raisonnable. Cette lettre a été publiée récemment par M. A. Blaize, neveu de Lamennais, à la fin de l'*Essai biographique* qu'il a consacré à la mémoire de son oncle.

« 18 décembre 1840.

« Cher ami, je viens de lire, de lire avec toute l'attention dont je suis capable, vos trois admirables volumes. J'ai été constamment dans une extase que vous n'attendiez pas sans doute d'un antimétaphysicien. Ayant peu lu d'ouvrages de ce genre, j'hésite à vous dire que je ne

II

DE LA VRAIE MORALE

Du même coup qu'il affirme Dieu et reconnaît sa voix dans la conscience, Béranger affirme la morale naturelle. En voici la loi : Fais tout ce que ta conscience te dit de faire ; ne fais rien de ce qu'elle

crois pas qu'on ait chez nous rien produit de pareil ni rien d'égal. Au moins suis-je bien persuadé qu'il n'y a pas dans notre philosophie de livre écrit aussi merveilleusement. Pardonnez à l'artiste de s'être autant arrêté sur la forme. Non, mon ami, on n'a jamais mieux écrit en français, et peut-être convient-il de dire qu'on n'a jamais aussi bien écrit. A chaque page, à chaque phrase, lorsque vous descendez de Dieu jusqu'à nous, à travers tous les rayons de la science, je me représentais Rousseau ou Buffon traitant pareille matière, et il m'a toujours semblé que leur plume ne serait pas arrivée à cette souplesse, à cette lucidité, à ce facile enchaînement logique, à cette grâce donnée au plus profond savoir, à cette poésie communiquée aux plus hautes pensées philosophiques et métaphysiques. Cet ouvrage, fruit du plus vaste système, a dû mûrir bien longtemps dans votre cervelle avant d'arriver à pareille éclosion. Ce n'est pas là une œuvre faite page à page. Quelle merveilleuse coordination ! Comme on pressent déjà tout ce qui va suivre !

« Je vous parlerai peu du fond, si ce n'est pour vous mettre en garde contre mes éloges. Croiriez-vous, cher ami, que ma tête de chansonnier, sans doute aussi mon cœur, m'avaient fait des pensées qui ont le plus grand rapport avec les vôtres ? Mon spiritualisme, malgré mon ignorance, s'était formulé presque entièrement ainsi pour moi, au bruit de mes joyeux refrains et de mes airs de pont-neuf, qui ne ressemblent guère, je pense, à la musique de Palestrine. Néanmoins il faut que je vous avoue qu'un point bien important établit une différence entre nous deux. Je me suis toujours élevé vers Dieu autant que mes ailes fangeuses me l'ont permis, mais toujours les yeux fermés,

te défend. Tu te sens libre, raisonnable, joyeux?
garde ta joie, ta raison et ta liberté. Cherche à vivre
heureux, et sache que le bonheur d'un homme dépend du bonheur de ceux qui sont autour de lui.

> C'est la loi de Trajan, de Socrate, et la nôtre.
> De ce culte éternel la nature est l'apôtre.
> Le bon sens la reçoit, et les remords vengeurs
> Nés de la conscience en sont les défenseurs;
> Leur redoutable voix partout se fait entendre.
>
> VOLTAIRE.

Ainsi pensait Rousseau, lorsqu'il déclarait que
l'homme est naturellement bon. Son erreur consiste

me contentant de dire : « Oh ! oh ! » comme la bonne femme de Féne-
lon. Croiriez-vous que je frémis presque lorsque je vois qu'on analyse
la substance créatrice? Je tremble quand je vois disséquer Dieu, si
respectueux que soit l'opérateur. C'est que, moi, je crois comme les
petits enfants, ce qui semble ne m'aller guère. J'en ai connu un qui
avait un Jésus de cire; sa bonne, en touchant à la statuette, la brisa.
L'enfant se mit à pleurer en disant : « Je n'ai plus de bon Dieu, je vais
« mourir! » Bien que je sache que mon Dieu ne finira pas en poussière
sous les yeux d'un puissant génie, toujours est-il que je suis tenté de
crier au génie : « Croyez et fermez les yeux! » Pourtant, je le recon-
nais, il fallait que les vôtres pussent voir pour ouvrir ceux de tant
d'aveugles. Soyez béni pour avoir rempli une tâche apostolique si digne
d'opérer des miracles!

« Malheureusement vous écrivez chez une nation qui ne sait plus
lire, peut-être parce qu'on a le soin de ne lui en pas laisser le temps.
Malgré toute votre renommée, je crains que cet ouvrage n'obtienne
pas d'abord l'attention générale qui lui est due. Peut-être en Allema-
gne fera-t-il plus de sensation et cette sensation réagira-t-elle sur nous
autres, gens fort distraits, qui avons pour habitude de laisser passer
les chefs-d'œuvre sans y jeter les yeux et les grands hommes sans
prendre la peine de les saluer. O mon ami! puissiez-vous jouir de toute
la gloire que vous méritez! Vous n'en seriez pas plus vain, mais vous
en seriez plus heureux, car ce serait la preuve qu'on vous a compris,

à dire que toute société gâte cette vertu naturelle.
La vérité est que l'homme a en soi les germes de la
vertu, mais que ces germes ne se développent pas
tout entiers dans l'isolement, et que la civilisation
peu à peu les fera fleurir tous. Si cela n'était pas
vrai, pour quel rôle serions-nous créés? Si nous
n'avions un but commun et une tâche commune,
pourquoi la race aurait-elle pullulé et couvert la
terre, planté les champs, fondé les villes?

Pullulons encore, multiplions-nous sans crainte:
le *restreint moral* de Malthus est bien évidemment
un crime de lèse-nature, qui n'a pu être imaginé
que dans l'oisiveté des cités de commerce, là où
l'avenir de l'humanité se borne pour tant de gens
à la prospérité d'une famille, et où la petite bourgeoisie, sans y penser, rêve des majorats. La morale
universelle veut que les hommes ne doutent pas de
l'avenir de la grande famille humaine.

Et cette morale, encore une fois, est écrite dans
la conscience[1]. A mesure que les siècles, ces saisons

qu'on a profité de vos sublimes enseignements, et qu'à votre voix
inspirée ont disparu toutes ces doctrines absurdes et funestes qui jettent les peuples hors de la voie où Dieu a placé leur salut. »

Aux philosophes qui veulent que Dieu se démontre et que les vérités
de la conscience prennent une figure géométrique, Béranger parle de
sa croyance irréfléchie. Mais n'oublions pas que le même homme, au
moment où il l'a fallu, et toujours au nom de la raison, a écrit les
vigoureuses chansons des Papes et ouvert toutes grandes, de par Margot,
les portes du paradis de saint Pierre.

[1] Nous avons remarqué que les philosophes les plus contraires au désir d'immortalité reconnaissent cette morale écrite dans la conscience:

de la vie progressive de l'humanité, se succèdent, la conscience nous découvre des parties cachées de la morale et nous parle de nos nouveaux devoirs. Elle n'a pas besoin de nous parler de nos droits. Nous n'avons pas de droits, pas plus, comme on l'a dit si finement, que les deux lignes qui se rencontrent n'ont le droit de former un angle; mais de l'accomplissement des devoirs mutuels découle pour les individus quelque chose qui ressemble à la jouissance d'un droit. Dire que nous avons le droit de vivre, le droit d'écrire, le droit de travailler, c'est une manière de parler. On n'a pas à en douter, dès qu'on voit que tout homme doit respecter le travail des autres hommes, leur pensée et leur vie.

C'est pour établir la morale, encore plus que pour fonder la notion de Dieu, qu'il est bon aujourd'hui de se réduire à peu de mots et qu'il faut éviter les théories et les disputes. Si la philosophie est deve-

---

« L'homme, dit Proudhon, est doué d'une faculté positive, la conscience, qui le porte incessamment à la justice. » La justice, c'est le sentiment du droit et du devoir qui se passe de sanction morale. Pascal, d'un bien autre point de vue, disait également : « La vraie éloquence se moque de l'éloquence, la vraie morale se moque de la morale; c'est-à-dire que la morale du jugement se moque de la morale de l'esprit, qui est sans règles. »

Cette vraie morale, expliquée aux esprits simples d'une manière plus ou moins complète et plus ou moins bonne par les diverses religions, ne relève d'aucune religion. Elle est même indépendante, avons-nous dit avec J. J. Rousseau, de la croyance en Dieu. Et cela va comme de cire. Ce qu'il y a de plus nécessaire dans la vie humaine, c'est l'action, et non pas tant la pensée.

nue bien embrouillée, on n'a pas moins assombri
la science du devoir. Notre manie de penser d'une
manière distinguée, toute neuve, d'avoir un système
à nous, de monter en chaire dès vingt ans, d'ouvrir une école, a donné une valeur qui sera bientôt
reconnue aux moralistes familiers.

Voltaire dit :

Le malheur est partout, mais le bonheur aussi.

Il n'en faut pas davantage pour rendre du cœur à
l'homme qui se désespère en voyant que l'opti-
misme reçoit continuellement de cruels démentis.
Un curé de campagne lit à ses paroissiens le sermon sur la montagne (il faudrait qu'il le lût tout
entier) : en voilà vraiment bien assez, si le curé
est estimé dans le village, pour que les âpres paysans
se laissent séduire aux charmes de la charité. Un
fait aussi incontestable, c'est que certaines chansons
de Béranger, bien chantées, font encore plus d'effet
qu'un sermon et que la lecture des poèmes philosophiques de Voltaire. Je ne me crois pas autrement
construit que les autres, et certainement elles m'ont
ému plus d'une fois jusqu'au fond du cœur.

Mais il n'est pas nécessaire d'appuyer là-dessus :
quelque envie que nous ayons aujourd'hui de nous
croire à l'abri de toute émotion, comme d'une
chose déshonorante, nous savons, par de nombreu-
ses expériences, quel est le pouvoir de ces chansons lorsqu'on les chante au théâtre, et que les

petites passions se taisent devant la passion. Ni la
Bruyère, ni la Rochefoucauld, ni Vauvenargues, ni
un Nicole n'ont poussé leurs maximes si avant dans
le vif de la conscience publique: il n'est donc pas
inexplicable que l'on veuille traiter ici Béranger
comme un moraliste. Les amateurs de jolies remarques ne manqueront pas de dire qu'il serait bon
de déposer dans une même arche sainte une grande
partie des petites comédies vertueuses du Gymnase
et beaucoup d'opéras-comiques; ils recommande-
ront alors comme tout à fait moral le pont-neuf

> On ne saurait trop embellir
> Le court espace de la vie.

Ces plaisanteries feront vite leur temps, mais les
œuvres de Béranger ne passeront pas si vite, et ceux
qui, sachant pourquoi on l'attaque, comptent sur
la solidité de sa gloire, ceux-là n'éprouvent aucune
peine à parler de lui comme d'un sage dont les
vers contiennent maintes leçons mémorables. Saint
Jérôme ne craignait pas de louer la sagesse et la
« gravité » d'Horace.

Voici les vers qui résument en morale la doctrine
de Béranger :

> Aimer, aimer, c'est être utile à soi;
> Se faire aimer, c'est être utile aux autres.

Il est difficile d'exprimer d'une manière plus courte
une pensée plus significative. On voit tout de suite

que ce poëte n'est pas un frivole rimeur d'élégies et
qu'il ne met pas toute sa gloire à trouver d'heureux
refrains pour ses chansons. Comment se fait-il qu'un
démolisseur de renommées (toujours M. Proudhon)
vienne se méprendre à de pareils vers et reproche
sa muse efféminée à un écrivain qui, par ce seul
distique, proscrit l'égoïsme, même raffiné, de l'amour
et élève les grâces du caractère à la dignité d'une
vertu civique? C'est plutôt cette proscription de l'a-
mour tendre et chevaleresque que plusieurs peuvent
juger dure; mais, dès qu'on raisonne en philosophe,
n'est-il pas tout à fait remarquable que Béranger ait
placé dans les plus doux plaisirs de cœur le devoir le
plus nécessaire? Une telle manière de comprendre la
vie et le rôle de l'individu prédispose Béranger à
préférer moralement, à un amour dont il connaît les
voluptés dangereuses, cette tranquille et féconde
amitié qui n'a que des plaisirs utiles à nous offrir.
Voilà pourquoi Béranger a été toute sa vie un ami
incomparable, et pourquoi il y a eu si peu de place
dans cette vie pour le roman de l'amour [1].

Le chantre des joies faciles de la Rome antique,
Horace n'a-t-il pas également mis l'amitié au-dessus
de l'amour et pratiqué cette morale avec une joie
sans mélange? Quand il rencontre, dans son voyage à

---

[1] Une fois cependant, et assez tard, il fut blessé de la flèche invincible. Sa discrétion, sa délicatesse de sentiment fut toujours si grande,
que ses plus intimes amis soupçonnèrent seuls le tourment contre lequel il avait à lutter, et dont il ne triompha qu'avec peine.

Brindes [1], et Varius, et Plotius et Virgile, avec quel
sincère élan de l'âme il s'écrie :

> O qui complexus et gaudia quanta fuerunt !
> Nil ego contulerim jucundo sanus amico.

« Non, il n'y a rien pour l'homme de sens au-dessus
d'un aimable ami. » Ou bien

> Les longs romans qui font pitié
> Ne vaudront jamais quelques pages
> Du doux roman de l'amitié [2].

A citer toutes les pièces de Béranger dans lesquelles il a loué l'amitié, ou chanté ses amis, ou
prouvé combien il les aimait, l'énumération serait
longue. Il y en a vingt dans l'ancien recueil ; il y en
a tout autant dans les *OEuvres posthumes*. Cette ten-
dresse, qui se marquait par des actions plus encore que
par des couplets, prend dans *ma Biographie* une cou-
leur plus sentimentale que dans les chansons de la jeunesse. Béranger, oubliant son rôle et sa renommée,
va jusqu'à recueillir des vers dont le plus grand mérite est de dater de loin et de lui rappeler ses plus
chers souvenirs. Non-seulement il donnait toutes ses
pensées, tout son crédit et tout son temps à ses amis ;
il leur eût donné jusqu'à sa gloire. Ne soyons pas sévères pour ces quelques chansonnettes qui ne donnent pas le coup d'aile lyrique, mais qui gardent un
si charmant parfum d'amitié.

[1] *Serm.* I, n° 5, v. 43.
[2] Les *Romans*.

De la *Couronne retrouvée* je détache un fleuron au passage. Le poëte illustre, le vieil ami est seul, à Fontainebleau, devant ses souvenirs de jeunesse. Il se raconte les joies passées, et une larme mouille ses yeux.

> Et ces convives si fidèles
> Au joyeux chant qui rend l'aï plus doux,
> Que plus tard j'ai pris sous mes ailes,
> Pensent-ils même à moi, qui pense à tous?
> Oiseaux charmants, au souvenir volage,
> Tous sont épars, chacun dans son enclos:
> Nous n'avons plus le même ombrage,
> Plus les mêmes échos.

Quand on songe que c'est Béranger qui se plaint ainsi, si délicatement, si tendrement, lui qui n'a besoin de personne, lui qui s'est toujours voué au bonheur d'autrui, on comprend que sa maxime sur l'amour et l'amitié n'est pas une maxime de théâtre, bonne à débiter, mais qui ne se pratique pas. Jamais homme n'a su mieux aimer que lui. C'est au peu d'amis qui lui restent à ne pas souffrir plus long-temps que d'infâmes calomniateurs blessent une mé-moire qui doit leur être chère : il ne suffit pas de gémir en silence et d'attendre que les temps soient meil-leurs.

« Quelle douce chose que des amis ! » écrit Béran-ger dans *Ma Biographie* [1]. Et n'est-ce pas un conseil exquis que celui qu'il donne de ne vous laisser point

[1] Page 301.

« séparer de vos amis d'enfance qui n'ont pu [1] parvenir comme vous, et à qui sans doute vous devez une partie de votre première séve? » Il ajoute : « Déjà homme d'expérience, je me suis cramponné à tous mes vieux amis. »

> Ami, ne laissons pas le monde
> Nous emporter à tous ses vents;
> Plus qu'une misère profonde
> J'ai craint les honneurs décevants.
> Rimeur, j'ai craint de faire ombrage
> Aux talents d'un ordre élevé;
> J'ai craint jusqu'au renom de sage
> Dont Lisette m'a préservé.
>
> Moi, sage! oh! non; c'est la paresse
> Qui m'a fait ces goûts si bornés.
> Non, j'aurais craint que ma sagesse
> N'effrayât de pauvres damnés.
> Quand souffrent, au cercle où nous sommes,
> Peuple et roi, riche et travailleur,
> Crois-moi, le plus sage des hommes
> N'en saurait être le meilleur.
>
> Lebrun, mon exemple t'enseigne
> A faire au monde juste part.
> A l'Institut qu'un autre règne :
> J'ai bâti ma ruche à l'écart,
> Là, si peu que le miel abonde,
> Je puis craindre encor les fourmis;
> Mais là, moins je me donne au monde,
> Plus j'appartiens à mes amis.

[1] Page 342.

On raconte [1] que souvent, après les séances de l'Académie, Ducis et Bernardin de Saint-Pierre dînaient en famille. Ducis lisait ses vers, qui faisaient le charme de ces petites fêtes ; ils aimaient à entendre réciter à Paul et à Virginie les fables de Lafontaine, surtout celle des *Deux Pigeons* et celle de *Philomèle et Procné*. Ducis interrompait par des cris d'admiration ; en quittant son ami, il disait : — C'est nous, c'est nous, croyez-moi, qui sommes les riches du siècle. Les riches et les heureux [1]. D'autres voulaient être tribuns, conseillers d'État, sénateurs !

L'amour n'a pu être pour Béranger, même en théorie, qu'une amitié échangée entre les deux

---

[1] « Lamennais m'a souvent parlé de Béranger, dit M. Forgues * ; Béranger, quelquefois, de Lamennais. De ces conversations, j'ai gardé une conviction très-arrêtée : c'est que la plus sincère et la plus chaude amitié, des deux, n'était point celle du chansonnier. »

Lamennais n'a point fait lui-même cette remarque : il eût même reconnu que, dans cette belle amitié philosophique, c'est l'ancien abbé, et non le chansonnier, qui a trouvé le plus d'avantages. Béranger s'enthousiasmait sans auxiliaire ; Lamennais ne se calmait pas toujours aisément. Mais admettons que M. Forgues ait le droit de faire la part de chacun d'eux dans le commerce amical qu'ils ont entretenu jusqu'au dernier moment : il n'y aurait rien que de très-simple à ce que l'un fût un ami plus chaud que l'autre. Ne faut-il pas toujours que la balance penche d'un côté? Béranger n'attache-t-il pas plus de mérite à être aimé qu'à aimer? Un mot encore : ceux que Béranger a toujours chéris le plus, ce sont ses compagnons de jeunesse, de joie et de misère. Les illustres amis qui sont venus plus tard échangèrent avec lui moins leur cœur que leurs pensées et leur gloire. Il est doux d'apprendre, en somme, d'un témoin autorisé que Lamennais avec sa pensée donnait son âme.

* CORRESPONDANCE DE LAMENNAIS. *Notes et Souvenirs*, p. CVIII.

sexes. L'amour est autre chose, avouons-le ; mais il
ne l'avilissait pas sans doute en disant :

> D'une amante faire une amie,
> Mes amis, ce n'est pas vieillir.

Ni en écrivant, à la fin de sa vie : « J'ai toujours
regardé la femme, non comme une épouse ou comme
une maîtresse, ce qui n'est trop souvent qu'en faire
une esclave ou un tyran, et je n'ai jamais vu en elle
qu'une amie que Dieu nous a donnée. »

Certes, c'est une noble chose que la passion, et il
nous vient de Dieu, cet amour lyrique,

> Amour, fléau du monde, exécrable folie !

Elle descend du ciel, cette étincelle d'une électri-
cité superbe qui frappe au sein les plus vaillants, les
plus sages, les plus cruels, comme elle a charmé ou
désespéré les Sapho et les la Vallière ; elle est admirable encore, en ses jeux enfantins, la respectueuse
religion de la faiblesse et de la beauté dont les che-
valiers du moyen âge, au prix de leur sang, défen-
daient partout l'honneur. C'est l'amour qui a jeté
dans le monde les plus beaux cris poétiques ; c'est
l'amour qui a révélé à l'âme ce qu'il y a de plus délicieux dans la joie, ce qu'il y a de plus fier dans le
courage, dans l'espérance de plus ardent, de plus
gracieux dans le souvenir ; mais peut-être est-il utile
qu'une voix s'élève, et, non plus au nom de l'esprit

d'humiliation et de pénitence, mais au nom de ces
devoirs si nombreux que les siècles en marchant
nous imposent, parle aux voluptueux des caresses
menaçantes de la *Sirène*. Béranger l'a peinte, dans
un merveilleux paysage, à l'heure où tout s'endort,

> Le vent, le travail, la gaieté,

à l'heure où seulement, dans le silence et dans les
dernières lumières du soir,

> Du sein de l'onde un mot surnage,
> Mot que la nuit fera redire au jour :
> Amour ! amour !

La sirène, c'est l'amour même, appelle les jeunes
gens qui ont leur vie courageuse à vivre :

> La vie, enfant, la douce vie
> N'est parmi nous, qui savons l'attiser,
> Qu'un long baiser.

Le malheureux l'écoute, hésite et disparaît sous
les flots. C'est en vertu d'un système à la fois philosophique et politique que Béranger, pour combattre
les amours énervantes, a loué l'amour rapide et,
plus tard, l'amour-amitié.

Quand nous voulons nous faire chacun notre élégie du *Lac*, nous sommes perdus pour longtemps et
courons risque d'être perdus pour toujours : au contraire l'amour, tel que l'entend Béranger, laisse
l'homme à la patrie, à la raison, à l'avenir. Il sait

bien qu'il y a un temps pour la rêverie nonchalante,
et que nous n'avons pas été créés pour prononcer
toujours ou pratiquer des sentences; mais la vie est
courte, le temps nous presse;

> Chaque baiser qu'on se donne
> Peut être un dernier baiser.

Au galop! ne nous attardons pas, si nous tenons
à vivre en hommes, aux enivrements de la passion,

> Notre vie ainsi lancée
> Ira cent fois dans un jour
> De l'amour à la pensée,
> De la pensée à l'amour.

Point de faiblesse (et c'est ici le correctif qui ne
manque pas de fierté):

> Jamais la tendre volupté
> N'approche d'une âme flétrie,
> Doux enfant de la liberté,
> Le plaisir veut une patrie!

Ainsi parle au jeune Grec qui n'avait plus de patrie l'*Ombre d'Anacréon*.

C'est mettre de la raison en toute chose, et jusqu'en
ce qu'il y a de plus ennemi de la raison. Béranger
n'est pas loin, en réalité, de croire lâche un cœur
qui ne veut s'emplir que d'amour, et il considère
comme des cris de folie, en un siècle chargé de fati-
gues et de peines, ces voluptueuses et dédaigneuses
déclamations que tant de poëtes, et, à leur imitation,

tant d'hommes lancent à la face des champs, des
bois, des prés, des eaux, comme si la nature éternelle n'était qu'un théâtre dressé pour leurs plaisirs d'une heure. Lisez la parabole de la *Rivière* :

> Qui parle ainsi? c'est l'âme folle
> D'un poëte qui dans ce lieu
> Oublie aux pieds de son idole
> Ceux qui travaillent devant Dieu.

Béranger ne nous corrigera pas tous : il y en aura
toujours quelques-uns parmi nous pour aimer la solitude, pour mener leurs amours au plus profond des
bois, pour supprimer en rêve ce qui entoure cette
retraite, pour prier Dieu d'éteindre toutes les lumières et d'assoupir tous les bruits. Mais qu'ils se
relèvent, qu'ils se réveillent de cette langueur, qu'ils
songent à leur tâche : voilà ce qu'il demande.

Si la passion, l'ancienne passion chevaleresque,
si l'amour romanesque et dramatique était une part
nécessaire de la vie, si chacun devait aimer à la façon des héros de nos livres, Béranger aurait tort de
nier le grand caractère de ces crises; mais combien
y a-t-il d'hommes capables d'une belle passion?
même enivrante, même énervante, combien y en
a-t-il qui connaissent la folie de l'amour? La plupart
n'en veulent qu'au plaisir : c'est ce plaisir que
Béranger veut rapide.

Il a donc aimé et chanté des Lisettes. Hélas! où sont-
elles, ces pauvres filles qui avaient un bon cœur et

que le souci de la toilette ne gâtait pas? Les *Dames aux Camellias* ne valent pas même Frétillon. Où sont-elles, ces joyeuses et légères enfants qui n'avaient ni morgue, ni jalousie, ni remords, toutes si fraîches alors et si naïves [1]?

[1] J'ose, parce que je les ai sentis en les écrivant, placer ici en note quelques vers qui sont un dernier souvenir adressé à la *Fille du peuple*, aimée et chantée par Béranger.

LE BOIS DE ROMAINVILLE

On a bâti des maisonnettes
Sur le coteau découronné;
Dans leur tombeau les Pomponnettes
En lèvent un front indigné.

Tout passe, tout s'en va. Voyageur solitaire,
Sais-tu combien d'amours ont honoré la terre
Que sans aucun respect foule ton pied poudreux?
J'ai vu sur ce coteau des chênes bien nombreux,
Des châtaigniers bien verts, des églantiers bien tendres'
Ces murs indifférents s'élèvent sur leurs cendres;
Le charretier qui passe écrase un souvenir :
O chansons! vous deviez bien tristement finir!

Ce monde a disparu : la dédaigneuse histoire
N'enregistre jamais que des noms de victoire;
Elle ne dira pas, sous les lilas en fleurs,
Comment la volupté faisait verser des pleurs;
Comment du vieux Paris la riante jeunesse,
A chaque beau dimanche, oubliait dans l'ivresse,
Cueillant la violette aux deux bords des chemins,
L'effort long et cruel des travaux plébéiens.

Elle ne dira pas, mon bois de Romainville,
Que de couples d'amants rentrèrent dans la ville
Couronnés de muguet, une branche à la main,
Branche qu'ils ont ravie à quelque beau jasmin,
Fredonnant les refrains de l'orchestre champêtre,
Écoutant dans la nuit frissonner le grand hêtre,
Et, poëtes aussi sans trop savoir comment,
Savourant dans leur âme un poëme charmant.

Parce que ce n'étaient ni marquis ni marquises,
Ces unions du cœur sont-elles moins exquises?

Les Lisettes de Béranger resteront dans l'histoire de l'amour littéraire comme de plus pures figures que les Marguerite Gauthier et leurs rivales du demi-monde. Et le genre d'amours qu'il a chantés vaudra toujours le genre de mariages, honnêtes, dit-on, que notre société s'est habituée à regarder comme si naturels : un vieillard épousant une jeune fille qui veut être riche ou célèbre (la pauvre femme !), des jeunes gens même s'unissant sans s'être jamais vus, parce que leurs parents savent que les fortunes se conviennent. Ce n'est pas la peine d'insister : cependant il y a peut-être, parmi ceux qui blâment Béranger, un grand nombre de ces époux ou de ces pères de famille si peu délicats en matière d'hyménée.

Béranger, le spiritualiste, a dit, dans sa chanson du *corps et de l'âme*, que l'âme ne doit pas absolument mépriser son premier vêtement, la *guenille* de Chrysale :

Guenille, si l'on veut, ma guenille m'est chère.

Le corps, dans cette chanson, dit son fait, et très-joliment, à l'âme vieillie et repentante : c'est un

Regarde, voyageur, cet horizon si pur :
Leurs yeux en ont longtemps bu le salubre azur.
Ils sont morts. Leurs enfants, refoulés aux barrières,
Boivent d'un mauvais vin les coupes meurtrières :
Où reste-t-il encore, en nos pays étroits,
Et des ménétriers et des bals sous les bois ?

On a bâti des maisonnettes
Sur le coteau découronné ;
Dans leur tombeau les Pomponnettes
En lèvent un front indigné.

avis à ceux qui, dans leur dernier jour, sont moins francs, moins raisonnables que Béranger.

> Enfin nous surprend la vieillesse,
> Tous deux las, tous deux abattus.
> De mon déclin naît ta sagesse;
> L'impuissance abonde en vertus [1].
>
> Là-haut ne t'en fais pas un titre;
> Cette sagesse a ressemblé
> Aux fleurs d'hier que sur la vitre
> Fait éclore un soleil gelé.

Ne calomniez donc pas, par dépit, la gaieté, l'enjouement, l'amour du plaisir qui anime la jeunesse. Les jeunes gens vieilliront aussi.

Béranger composait ses chansons les plus légères, les plus lestes (et quelques-unes sont des œuvres d'art irréprochables), à une époque où, après avoir fait bon marché de ses premiers rêves littéraires, il se résignait à n'avoir pas de renommée. Il y a un moment dans la vie où l'homme se sent de la force et devine son rôle. Avant la journée d'Arcole, le général Bonaparte ne se croyait pas supérieur aux autres généraux de la République : de même, avant 1815, et l'explosion de douleur, de patriotisme, d'espérance aussi qui se fit dans son cœur,

---

[1] Hélas! mes vertus me désolent;
Mais l'âge, qui les fait fleurir,
M'ôte la force de courir
Après mes défauts qui s'envolent.

(Les *Défauts*.)

Béranger ne savait pas qu'il devait être autre chose
qu'un faiseur de chansons épicuriennes. A mesure
que sa pensée s'est élevée, il a abandonné ce qu'il y
avait dans ses premières œuvres de trop vivement
lancé à l'encontre du funeste esprit de mortification;
mais il a toujours maintenu cette vérité souriante,
que

> Le plaisir fait croire au bonheur.

C'est l'écho du grand vers de Voltaire :

> Mortels, à vos plaisirs reconnaissez un Dieu,

et l'écho de la belle apostrophe du vieux poëte ro-
main Lucrèce à Vénus, « *Alma parens rerum* [1]. »
Sachons admirer la même morale supérieure et ces
mêmes grandes vues d'ensemble, quelques nuances
qu'elles revêtent dans une ode, dans une épître ou
dans une chanson. Les philosophes donnent à la
pensée un extérieur austère et veulent que toutes
les lois aient de la majesté ; mais Béranger, sans
les contredire, les raille à bon droit.

> Tout l'amas de leurs œuvres vaines,
> Dont quelques fous vantent l'attrait,
> Calmera toujours moins de peines
> Qu'une chanson de cabaret [2].

---

[1]   Amour, réparateur du monde !
                    (*Prière d'un épicurien.*)
[2] Quand il parle de l'Évangile, et quand on voit dans toute son œuvre

A diverses reprises, Béranger a expliqué ses chansons les plus anciennes, qui sont les plus libres, et a tenu, non à les désavouer, mais à dire quelle fut la part des circonstances et de l'époque dans ces premiers essais de son talent.

Sa note XIII des *Notes inédites* dit : « Toutes les chansons du temps de l'Empire ont une uniformité insupportable, à l'exception de celles de Désaugiers et d'un ou deux autres de ses collègues. La chanson graveleuse devait renaître alors : elle appartient aux temps de despotisme. »

Plus tard, il vit le parti qu'il y avait à tirer de la chanson et comprit que la gaieté même devait avoir son utilité ; mais alors il n'y avait pas d'idéal, si ce n'est pour les chants de guerre.

Dans *Ma Biographie*[1], Béranger est revenu sur ses explications. Ce qu'il dit est bon à répéter.

« Il est une observation que je dois faire : les chansons mises à l'index ont été faites sous l'Empire. Or il est remarquable que c'est habituellement à des époques de despotisme qu'on voit naître de

---

l'indication d'une sorte de religion sans cesse épurée et toujours évangélique, il faut se rappeler que Béranger, pas plus que Voltaire, n'indique pour cela une manière d'honorer Dieu qui coûte à l'homme un seul des plaisirs que lui recommande la nature. Il n'y a pas à craindre chez nous, et il le savait bien, qu'un culte de formes trop rigoureuses soit jamais le bienvenu. C'est la morale, doucement charitable, et les franchises et la dignité laissée à la conscience de chacun, que Voltaire et que Béranger louent dans la doctrine générale du protestantisme.

[1] Pages 384, 385.

pareilles productions. L'esprit a un tel besoin de liberté, que, lorsqu'il en est privé, il franchit les barrières les moins bien défendues, au risque de pousser
trop loin cet élan d'indépendance. »

Mais, ces remarques faites, et une fois allégué que
notre ancienne littérature était bien plus hardie;
qu'il avait cru pouvoir l'imiter; qu'en tout cas nul
ne lui aurait cherché querelle s'il n'eût, en élevant
le ton de la chanson, attiré l'attention sur elle, Béranger ne se repent pas outre mesure. Il est trop
bien entré dans son esprit, il fait trop bien partie
de sa conscience, que « le plaisir révèle des cieux
intelligents! »

Si, en 1814, il fait chanter à *Roger Bontemps :*

> Je me fie,
> Mon père, à ta bonté;
> De ma philosophie
> Pardonne la gaieté;
> Que ma saison dernière
> Soit encore un printemps.

En 1843, il écrit à M. Antier :

> Cher ami, loin que je me gronde
> D'avoir tant chanté le plaisir,
> Quand je finirai pour ce monde,
> Je n'y laisserai qu'un désir :
> C'est qu'à la saison printanière
> D'heureux enfants, au teint vermeil,
> Viennent, où dormira ma bière,
> Sur les fleurs danser au soleil.

Et il tombe,

> De son art même fatigué,
> Et l'on grave en or sur sa tombe :
> DES MORTELS CI GÎT LE PLUS GAI.

Cette gaieté, ne l'aimons-nous plus? : « elle n'offense pas la tristesse; » elle se hâte pourtant de consoler, de ranimer quelques âmes.

> Car sur ce monde il faut pleurer
> Sitôt qu'on n'ose plus en rire.

Quand arrive le jour des Morts, ce n'est pas d'une voix impie, c'est avec un accent mêlé encore d'enjouement et de mélancolie qu'il pense à nos pères,

> Ils ont ri de leurs misères;
> Des nôtres rions aussi,

et qu'il pense à notre postérité,

> Puissé-je, à ma dernière heure,
> Voir nos fils plus gais que nous!

Chose singulière, quoique connue déjà par tant d'exemples semblables! Béranger, « le plus gai des mortels, » a commencé par être profondément mélancolique, et ce n'est que par une violence de sa raison, vers trente ans, qu'il a chassé de son sein la tristesse[1].

---

[1] « La lutte fut en moi aussi douloureuse que longue, et il me semblait par instant que j'allais devenir fou. Enfin, la raison l'emporta :

On a essayé de comparer les vers que cette tristesse vaincue, mais souvent rebelle, lui inspirait avec ceux de nos grands élégiaques. La comparaison n'est guère possible. Le sentiment poétique de Béranger n'appartient à nul autre qu'à lui : nul autre, en prenant la parole, ne parle comme lui au nom de tous; nul ne se dépouille si bien de sa personnalité. En poésie même il ne peut être égoïste : c'est pourquoi il n'emploie pas, comme Hugo, ou Lamartine, ou Musset, la langue ni les mouvements du lyrisme individuel, et pourquoi, dans ses chants les plus hardis, il garde son caractère de poëte philosophe. Ni sa tristesse ni sa gaieté ne cessent de regarder en face le fanal de la raison. Cela soit dit sans rabaisser personne.

Si j'avais à choisir une des chansons de Béranger pour montrer par un seul exemple comment il entendait le don d'aimer et le devoir d'être aimé, pour peindre cette charité véritablement suave qui est sœur du plaisir et, comme lui, fille de Dieu, pour donner un excellent modèle de poésie chantée, de

bientôt mon âme devint plus sereine, les accès de mélancolie disparurent; je vis les hommes tels qu'ils sont, et l'indulgence commença à pénétrer dans toutes mes pensées. Depuis lors, ma gaieté, d'inégale et bruyante, devint calme, soutenue, et ne m'abandonna plus que quelquefois dans le monde, mais toujours pour venir m'attendre dans ma retraite ou auprès de mes amis. » (*Ma Biographie*, p. 336.)

Béranger parle, non loin de là, d'un fardeau qu'il supporta « sans compensation, mais sans murmure. » Il le supporta pendant près de quarante années, montrant qu'aucune des charges de la vie ne lui aurait pesé, et que cet épicurien était plus digne d'être père que tant de sévères moralistes.

chanson persuasive, une leçon de tolérance et de douce gaieté, ou de tristesse charmante, je prendrais les *Deux Sœurs de Charité*. Malheur à ceux qui n'ont pas vu que, parmi les œuvres écrites des hommes, il n'y en a guère où se soit cristallisé avec plus d'éclat et avec de plus vifs reflets ce qu'il y a dans l'âme des hommes de fraternité naturelle, et de foi en la justice et en l'indulgence de Dieu ! Ce seul chef-d'œuvre vaut la gloire. Aussi la postérité aura peine à comprendre que, vers le temps où Béranger mourut, une partie de ses anciens admirateurs aient hésité dans leur admiration et que quelques-uns aient semblé s'en repentir.

Dans ses dernières chansons, Béranger, qui a toujours voulu vivre aux champs, avec les fleurs et les oiseaux, s'en donne à cœur joie et gazouille même de tous petits airs de pinson et de fauvette. C'était son humble vocation ;

> Une fée a, dès ma jeunesse,
> Conduit mes rêves dans les bois,

disait-il en vers et en prose [1]. Et, une autre fois, à Rose :

> Rapprochons-nous de la nature,
> Pour nous aimer plus tendrement.

Il a maudit [2] la chasse et les chasseurs qui troublent

---

[1] V. *Ma Biographie*, p. 294, etc.
[2] *Le Chasseur, le Merle*.

et ensanglantent la paix des bois. Il a vécu le plus qu'il a pu hors de Paris, à Maisons-Laffitte, à Champrosay, à Fontainebleau, à Tours, à Fontenay-sous-Bois, à Passy ; il n'est revenu à Paris que parce que ses vieux amis lui manquaient trop ; à Paris même, il a toujours caché sa retraite entre des jardins ; mais ce goût si connu n'a pu le sauver d'un reproche de je ne sais plus quel critique ; on lui a prouvé, je crois, qu'il n'avait jamais rien compris au charme de la vie rustique, et tout net on l'a traité de Parisien qui fait ses farces aux barrières. Ce critique s'est mépris.

Béranger n'avait garde de voir dans les villes le seul théâtre de l'activité humaine ; et, comme tous les poëtes, il aimait l'herbe, l'ombre et le murmure des eaux. Seulement sa poésie n'a pas été aussi descriptive que certaines personnes peuvent le désirer. Nous ne prendrons pas sur nous de l'en blâmer, croyant avec d'autres que la poésie qui décrit est inférieure à la poésie qui pense.

Un trait suffit pour donner toute une peinture : quand Béranger montre la chaumine de l'exilé

> Au détour d'une eau qui chemine
> A flots purs sous de frais lilas;

quand, à la veille d'entrer en prison, il vient saluer les arbres jaunis et les

> Soleils si doux au déclin de l'automne;

ou lorsque, sentant que, malgré l'âge, sa jeunesse n'est pas éteinte, il chante :

> Tout me sourit : les fleurs brillent plus belles,
> Les jours plus purs, les cieux plus étoilés.
> Dans l'air plus doux j'entends battre des ailes :
> Tous les amours ne sont pas envolés.

Béranger n'est point un *lakiste;* mais, chantre populaire, son rôle encore lui eût défendu les trop longues images. Puisque l'on veut qu'il ait sans cesse étudié ce rôle pour le bien jouer, on peut voir que l'amour de la campagne, des travaux et des vertus rustiques était sur son programme. Il était surtout dans son cœur.

C'est à ce signe que se reconnaissent les véritables gens de bien, ceux qui, sachant que nous ne sommes pas nés uniquement pour chercher le bonheur matériel, et que, si nous n'étions nés que pour cette recherche, le plus grand nombre de nous ne pourrait pas, avant bien des siècles, compter sur cette satisfaction de ses appétits ; qui, sachant cela, se retirent sans peine du milieu du tumulte et des combats des villes, laissant les titres, les emplois, les bénéfices, les richesses de tout genre à la plèbe des solliciteurs et des quêteurs de fausse félicité.

> Quoi ! chez nous cet homme rêveur
> Des rois regrette la faveur !
> Plus sage, moi, je sais comme on s'en passe.

Dites cela à ces petits messieurs qu'on rencontre

dans les antichambres des ministères, qui ont de petites places, de petits rubans, de petites croix, et qui en désirent d'autres. Dites cela à ces autres personnes qui cernent tous les jours la place de la Bourse et qui, elles aussi, ont l'œil méditatif, mais fixé sur quelles idées !

> Devant ce rêve du jeune âge,
> Adieu nos rêves d'avenir !

Dites cela, non pas, si l'on veut, à ces ouvriers si imprévoyants, et lorsqu'ils ont femmes et enfants, si cruellement légers, qui boivent en un jour au cabaret le salaire d'une semaine, mais à ces paysans que la dureté de leurs travaux endurcit dans le goût de l'argent, et qui, à la suite d'une crise monétaire et financière, dont leur avidité et leur ignorance ne veulent pas voir la fin, ne se retirent plus aujourd'hui des marchés de nos villes sans avoir pillé la bourse des riches et des pauvres. Ou encore, à ces bâtisseurs de maisons qui interprètent si rigoureusement à leur profit ce que disent les économistes de la baisse de l'or et de l'enchérissement irréparable des denrées; qui affirment que leurs propriétés urbaines, biens immobiles, biens protégés s'il en fut contre toute dépréciation, ne sont que des marchandises qui suivent un cours, et qui, forts de leur droit positif, achèvent, en tant de quartiers, d'élever le prix du nécessaire au delà de sa valeur.

Béranger n'a pas voulu être riche, parce que la richesse, sans l'injurier, peut nuire au caractère de ceux par qui elle se laisse atteindre. On comprend que les gens riches l'en blâment et peut-être même lui reprochent ce dédain comme une sottise, de même que nos demandeurs de places ne s'expliquent point son aversion raisonnée, et en ce siècle-ci très-patriotique, pour tous les emplois et jusque pour les sinécures. Que ceux-là s'étonnent, mais que les jeunes gens dont la vie ne fait que commencer, et qui veulent être quelque chose dans l'histoire de leur patrie, méditent avec soin le conseil de Béranger : « Lancé au milieu de la société la plus opulente, mon indigence n'y fut pas un embarras pour moi, car il ne me coûtait pas de dire : Je suis pauvre. Ce mot, que trop de gens hésitent à proférer, tient presque lieu de fortune, parce qu'il vous permet toutes les économies et qu'il vous concilie l'intérêt des femmes et par conséquent des salons, qu'à cet égard on a calomniés. Ne faites pas de votre pauvreté une gêne pour les autres ; sachez en rire à propos, et l'on y compatira sans blesser votre orgueil. »

Rien n'est plus vrai. Rien n'est plus juste aussi que les vers

> C'est à l'ombre de l'indigence
> Que j'ai trouvé la liberté.

Sans doute il y a du ridicule, et il y en aura toujours à louer l'indigence ; mais qui est-ce qui paye les frais de ce ridicule ?

Jean-Jacques Rousseau, avec plus de calcul, avec plus de faste et moins de sens, puisqu'il prêche la solitude absolue, a résolu aussi, et tout à coup[1], d'être pauvre. Béranger ne faisait que suivre son humeur et n'outrait rien.

Sans faire l'Héraclite et se désespérer toujours, on peut répéter une fois de plus ce que les moralistes de tous les temps ont déjà répété si souvent et ce que peu de monde met en pratique, c'est que

> Ni l'or ni la grandeur ne nous rendent heureux,

et qu'il y a même péril à devenir un homme riche ou un personnage.

« Vois ce fleuve, » dit Béranger en montrant la Loire :

> Plus il monte, plus il est trouble.

Prêchant de l'exemple autant que du discours, il ne prétend pas pour cela que nul ne doit s'élever à

---

[1] C'est quand il quitta la caisse de M. de Francueil, et au milieu d'une forte fièvre (Voyez les *Confessions*, partie II, livre VIII.) : « Durant ma convalescence, je me confirmai de sang-froid dans les résolutions que j'avais prises dans mon délire. Je renonçai pour jamais à tout projet d'avancement et de fortune. Déterminé à passer dans l'indépendance et la pauvreté le peu de temps qui me restait à vivre, j'appliquai toutes les forces de mon âme à briser les fers de l'opinion, et à faire avec courage tout ce qui me paraissait bien, sans m'embarrasser aucunement du jugement des hommes. Les obstacles que j'eus à vaincre et les efforts que je fis pour en triompher sont incroyables. »

Mieux vaut la manière de Béranger ; il rend la vertu moins effrayante et moins difficile à pratiquer.

un poste, et il sait qu'il faut sur un navire d'autres gens que les passagers. Quand quelqu'un veut servir son pays, et non ses intérêts, son ambition est toujours noble, même si elle se trompe de route.

> N'ont-ils pas droit à quelque estime,
> Ceux qui, las d'un si long effort,
> Près de s'engloutir dans l'abîme,
> Du doigt vous indiquaient le port?

Non-seulement Béranger ne croit pas les pauvres et les humbles à plaindre; il croit plutôt qu'ils ont à veiller sur le désir de railler et de médire qui pourrait leur paraître une consolation. C'est ceux qui ont le bonheur en mains, le bonheur moral, c'est eux qui jouissent, s'ils le veulent, de la plus douce sécurité [1]. Qu'ils ne s'appliquent donc pas à compter les fautes de quiconque s'est risqué dans les hasards de la richesse ou de la puissance.

« Eh! qui de nous n'a failli [2]? S'il en est qui passent pour n'avoir pas fait de chute, c'est qu'ils sont tombés quand personne ne les regardait. »

Ainsi parle, pense et agit le bon Samaritain. Libre à ceux qui se sentent ou se disent plus chrétiens

[1] Un joli conte oriental parle d'un sultan qui allait mourir d'ennui. Les imans interrogés disent qu'il se guérira lorsqu'il portera la chemise d'un homme parfaitement heureux. Il fallut un temps énorme pour trouver cet homme-là; enfin on le découvre, on le mène au palais, on le déshabille: il n'avait pas de chemise.

[2] *Ma Biographie*, p. 416.

d'employer le catéchisme poissard quand ils s'oc-
cupent de leurs contemporains!

Justement, parce qu'il y a peu de grands esprits
qui aient voulu vivre de la vie commune, n'avoir
point de chevaux, ni de parc, ni de château, ni un
bel habit à feuillages d'or ou à palmes vertes, le
peuple a voué une vive et inaltérable estime au
chansonnier dont la gloire littéraire ne lui est pas
inconnue, et dont il connaît surtout, par la légende
et les récits répandus, l'inépuisable et vraiment fra-
ternelle charité. Elle fut surtout agissante, cette
charité réelle, dans les dernières années du poëte,
alors que la Muse l'avait définitivement quitté, et
qu'il restait presque seul, avec peu d'amis survi-
vants, pour soutenir l'âge aggravé et la tristesse de
quelques illusions trop hâtivement conçues et déçues
trop vite. Ceux qui regardent comme un divertisse-
ment salutaire et presque intéressé la peine qu'il pre-
nait de guérir les maux, de consoler les douleurs, de
rasséréner les consciences, seraient peu soucieux d'en
faire autant. L'ennui les surprendrait dans ce diver-
tissement dont ils parlent avec légèreté ; ils n'iraient
pas, chaque journée, jusqu'à la fin, solliciter ici et
là pour des personnes à peine connues, revenir deux
fois pour suivre une promesse de secours jusqu'à
son exécution, monter chez l'affligé lui-même, serrer
sa main et l'enorgueillir autant que le relever de sa
tristesse ou de sa misère. Il ne cherchait pas le
sceau du génie sur un front, mais il voulait voir

sur la figure le sourire d'une pensée saine. On était
son frère et son ami, sa clientèle la plus chère, dès
qu'on était honnête, et, quoique honnête, malheureux. Il assistait surtout les pauvres femmes, les
veuves chargées d'enfants, et les épouses ou les
mères qui vivent dans le deuil comme si elles n'a-
vaient ni maris ni enfants. Mais à quoi bon reprendre ici des louanges qu'il ne demandait pas, qu'il
méritait plus que personne, et dont le souvenir
pèse si lourdement aux gens de mauvais cœur qui
ne veulent pas les mériter?

> Sauvez-vous par la charité,

est-il écrit dans la gracieuse homélie dont nous par-
lions tout à l'heure. Il l'a dit, et il a fait mieux que
le dire, il a fortifié sa parole par sa vie. Je conseille
à plus d'un riche, aux oisifs qui s'ennuient, et aussi
aux personnes qui pleurent, de mettre en action la
morale du *Chapelet du Bonhomme*. S'il reste quelque
fraternité dans nos cœurs, elle nous vient de ses
chansons qu'on savait soutenues par son caractère,
et elle nous sera conservée par ses chansons. Assurément aussi Béranger est pour quelque chose, on
n'ose pas dire qu'il est pour presque tout, dans cet
échange d'idées pacifiques et dans ce désir d'alliance
des peuples, qui empêche l'œuvre de la Révolution
française de périr en Europe et qui, plus fortement,
plus sûrement qu'une campagne de nos soldats, l'en-
racine partout dans le sol.

D'autres ont remué les mêmes idées; mais c'est lui qui les a semées dans la foule.

Étonnez-vous maintenant de ce qu'autour de ce patriarche soient venues de tous les coins de l'horizon se réunir les grandes intelligences de ce siècle! Ce pèlerinage doit prouver aux plus incrédules que Béranger leur semblait autre chose qu'un écrivain. La force, l'éclat, la grâce de sa raison était comme un phare auquel on marchait. Quelle fortune pour le petit imprimeur de Péronne, quel avenir inaperçu pour le chansonnier de 1805! A force d'être interrogé par ceux qui passent pour des oracles, Béranger, a-t-on dit, s'habitua trop à donner des conseils et se crut l'homme prudent par excellence et en toutes choses. C'est qu'il l'était. Pourquoi eût-il ignoré sa sagesse?

Venu de si bas, sans autre maître ni conseiller que sa propre volonté, il avait atteint aussi haut que les maîtres de la littérature et de la politique; il les voyait et les jugeait, il avait souvent à les plaindre, souvent à les aider dans leur marche. N'était-ce pas là un suffisant sujet d'orgueil?

Si on n'avait peur de paraître y chercher la matière de louanges littéraires qui, en effet, ne doivent pas partir de là, on montrerait la route difficile que Béranger a suivie pour arriver, de ce qu'il était, même à trente ans, à ce qu'il devint au moment où fut publié son quatrième recueil. Pas un artiste, pas un poëte, n'a su tirer si grand profit de son fonds; il a sans cesse cultivé le sien, il l'a sans cesse agrandi et orné. A un âge où l'esprit fléchit, son esprit n'avait jamais été si vigoureux ; au moment où l'imagination, comme un arbre battu par les vents, se dessèche, la sienne se couvrait de fleurs. Voilà donc une vie à citer, un type unique de volonté, de travail, de succès à indiquer, une éclosion entière à raconter aux écrivains et aux artistes qui se découragent de bonne heure, ou de bonne heure s'endorment dans leur premier rayon de gloire.

Béranger avait tous les prétextes du monde pour cesser d'être un sage et s'enivrer de son triomphe ; il a préféré, quoi qu'on dise, la joie vivace de la modestie à cette joie passagère, et dans sa manière d'agir, comme dans sa manière de penser, il n'a pas voulu sortir des bornes de la modération.

Au risque de paraître bien arriéré, et comme si nous ignorions les progrès qu'a accompli la critique, essayons de reprendre la comparaison qu'on a faite souvent de Béranger et d'Horace. Mais, dès le premier mot, nos bohémiens vont pousser des exclamations ! Eh ! messieurs, il ne s'agit pas de littérature, et je ne me suis pas niaisement chargé d'examiner en quoi Béranger est un écrivain de premier ordre. Ne nous occupons que des principes qui donnent une si grande force à ses écrits. N'en déplaise alors aux critiques des écoles minutieuses, Horace et Béranger se ressemblent fort : ce sont leurs pensées politiques et les

siècles où ils vécurent qui ne se ressemblent pas.
Ils ont été l'un et l'autre les poëtes de la raison mesurée. Horace a chanté la modération et le plaisir en
un temps où les dieux, la liberté et les mœurs suc-
combaient ; où les premiers chrétiens n'avaient pas
encore commencé à faire trembler le monde dans un
coin de la Judée ; où, si haut que pût monter la
pensée, elle n'apercevait à l'horizon rien de nos destinées futures. Béranger chante le plaisir et la modération sur le seuil de l'avenir. L'un ne s'adresse
qu'aux gens de loisir ; sa médiocrité est dorée et son
patriotisme se confond avec le culte de la fortune des
Césars ; l'autre est le poëte de tous les citoyens ; il a
vanté la pauvreté nue, et il ne désespère pas de la
liberté qui n'est pas décrépite, mais toute jeune.
Horace a une merveilleuse raison et du goût ; Béranger a une merveilleuse raison et du cœur. Horace
n'est qu'un artiste et un philosophe ; Béranger est
avec cela un politique [1].

---

[1] Un érudit, M. Walckenaer (t. II, p. 494 de l'édition in-18 de son ouvrage sur la vie et les œuvres d'Horace), a esquissé le tableau de la philosophie d'Horace. Si l'on se borne à y rechercher ce qui touche à l'é-
loge et à la pratique de la modération et du plaisir, on pourrait croire
qu'il s'agit d'un travail fait sur la vie et les œuvres de Béranger. Voici
un court extrait de cette analyse :

« Les poésies d'Horace, classées d'après les sentiments qu'elles expri-
ment et les vérités qu'elles font ressortir, se groupent de manière à
produire un enseignement philosophique et littéraire aussi complet
que varié : il éclaire la raison, charme l'esprit, enchante l'imagination.

« Dans ses odes, Horace s'est surtout attaché à inculquer aux hommes
la piété envers les dieux, et il insiste sur la nécessité de leur rendre le

Ce que Voltaire dit à Horace, il l'eût dit, en l'amplifiant sans doute, à Béranger :

> Avec toi l'on apprend à souffrir l'indigence,
> A jouir sagement d'une honnête opulence,
> A vivre avec soi-même, à servir ses amis,
> A se moquer un peu de ses sots ennemis,
> A sortir d'une vie, ou triste ou fortunée,
> En rendant grâce aux dieux de nous l'avoir donnée.

N'est-ce pas là tout ce que nous avons vu qu'était la culte qui leur est dû[1]. L'âme est immortelle[2], et personne ne peut éviter la mort[3]. Il y a un Dieu qui dispose des destinées humaines. La fortune n'est que l'instrument de la divinité[4]. Il faut qu'on espère en elle, qu'on implore sa miséricorde avec un cœur innocent et pur; qu'on soit reconnaissant des bienfaits qu'elle nous accorde[5]; qu'on se soumette sans murmure à sa volonté suprême[6]. Le méchant seul renie la divinité[7].

« On ne peut révérer les dieux et se soumettre à leur volonté qu'autant qu'on sait mettre un frein à ses passions et à ses désirs[8]. C'est là une vérité sur laquelle Horace revient sans cesse. Il montre que la tranquillité de l'âme ne s'obtient que par un empire absolu sur soi-même[9]. Voilà les vraies richesses[10]; elles sont à la portée de tous[11]; chacun peut les acquérir[12]. Désirez la médiocrité de la fortune[13]; dédaignez les grandeurs et la puissance; l'éclat et le bruit anéantissent les vraies jouissances; l'apparence tue la réalité[14]. Modérez-vous toujours et en toutes choses, dans la joie comme dans la douleur[15]. Quels que soient les succès et les revers, soyez inébranlables[16]. Sachez résister à la mollesse, aux passions, même à l'amour[17]. Réfugiez-vous dans le sein de la nature[18].

« Mais, cette vie passagère, les dieux ne l'ont accordée que pour en jouir, et Horace en enseigne les moyens en homme qui les a pratiqués. Rien ne semble manquer aux instructions d'Horace. »

---

[1] Carm. I, 35; II, 17; III, 22. — [2] Ibid., II, 20, III, 30. — [3] Ibid., II, 14. — [4] Ibid., I, 21, 34; *Carmen seculare.* — [5] Carm. III, 18, 23, 15. — [6] Ibid, I, 23. — [7] Epodes, 9. — [8] Carm. I, 18; II, 2: III, 24. — [9] Ibid., II, 16. — [10] Ibid., III, 16. — [11] Ibid., II, 6.— [12] Ibid., I, 29, 31. — [13] Ibid., II, 18; III, 16. — [14] Ibid, I, 20; II, 15; IV, 2. — [15] Ibid., II, 9. — [16] Ibid., II, 3, 10. — [17] Ibid., I, 8, 27, 16; III, 27. — [18] Ibid., I, 11, 18.

philosophie de Béranger? Et ne lui était-il pas permis de s'adresser les vers que Boileau s'adresse dans sa neuvième épître [1] :

> Sais-tu pourquoi mes vers sont lus dans les provinces,
> Sont recherchés du peuple et reçus chez les princes?
> Ce n'est pas que...
> ... Mais c'est qu'en eux le vrai, du mensonge vainqueur,
> Partout se montre aux yeux et va saisir le cœur,
> Que le bien et le mal y sont prisés au juste,
> Que jamais un faquin n'y tient un rang auguste;
> Et que mon cœur, toujours conduisant mon esprit,
> Ne dit rien au lecteur qu'à soi-même il n'ait dit.
> Ma pensée au grand jour partout s'offre et s'expose,
> Et mon vers, bien ou mal, dit toujours quelque chose.

Résumons cette philosophie et cette morale du sens commun et de la nature. Il est un Dieu. Que l'on y croie ou que l'on n'y croie pas, il faut écouter la conscience, qui est la voix de Dieu. Et que dit-elle à l'homme? Qu'il est libre, qu'il est responsable de sa vie et qu'il y a une maxime pour le guider? CHARITÉ, PLAISIR ET MODÉRATION.

Les objections savantes n'ont rien à faire ici. Sans doute le monde est mêlé de bien et de mal.

> J'y vois le mal et n'aime que le bien.

---

[1] De tout petits villages élèvent des statues au paysan, né chez eux, qui est devenu colonel ou général de brigade. Paris n'en élèvera-t-il point, comme à Molière, à trois de ses enfants les plus sages? Ils ont gagné tous les trois de grandes batailles : c'est Boileau, qu'il ne faut pas oublier parmi les apôtres de la raison, et qui a eu tout le courage qu'on pouvait avoir au dix-septième siècle; c'est Voltaire et Béranger.

La charge de l'homme est probablement de détruire ici-bas le mal physique et le mal moral. S'il
n'avait une tâche dans la grande activité des mondes, que signifierait son existence? Béranger a prévu
les temps où le mal sera partout vaincu, où le Satan
de la légende sera réconcilié dans la paix universelle.

> Et d'un seul coup de son aile
> Près du Christ il est remonté.

Croyons donc au progrès indéfini, et chargeons-
nous, non-seulement d'espérer, mais d'agir : avec
joie, avec orgueil, en liberté.

III

DE LA POLITIQUE SOCIALE

S'il est urgent, dans le désarroi des doctrines philosophiques, de recommander celle de Béranger, qui
serre de plus près qu'une autre la nature, et qui demande si peu d'étude pour animer les hommes au
bien, il est peut-être plus indispensable encore de
jeter, avec lui, un regard rapide et confiant sur la
confusion des pensées et des intérêts qui depuis
longtemps, et depuis dix années surtout, s'est de

proche en proche étendue sur les principes et sur
les mœurs. De même qu'il y a une philosophie suffisante dans ses œuvres, il y a aussi en elles une
politique qui se peut appliquer également aux mouvements intérieurs de nos sociétés modernes et aux
relations que les peuples ont entre eux.

On l'a peint, sur la fin de sa vie, comme un rêveur
désillusionné de ses anciens songes et presque hon-
teux de l'échec des louanges qu'il avait accordées
avec tant de libéralité au peuple, à la jeunesse, à
la civilisation. Ne nous y trompons pas. Il s'est dit
lui-même :

> Las du combat, des folles théories,
> Las de nombrer les taches du soleil[1];

il trouvait que,

> Pétri de sang et de fange,
> Ce globe sent trop mauvais,

et qu'il est bon de le quitter ; mais il y a loin d'une
boutade passagère au découragement dont on veut
parler. Il savait bien que, si la plupart de nos biens
sont des chimères, ce sont des chimères aussi que
la plus grande partie de nos maux, et que ce n'est
pas en France, et au dix-neuvième siècle, que la
raison peut longtemps s'obscurcir.

Le vrai, c'est que, voyant le principe de la sou-

[1] *Mes Fleurs*

veraineté du peuple presque partout sanctionné par
les hommes et par les événements, il avait peur de
l'enivrement dans lequel sa royauté pouvait jeter le
peuple, et qu'il regrettait de n'avoir plus de voix
pour lui chanter la nécessité de la clémence.

Que les hommes d'État ne fassent pas fi des conseils que ses chansons auraient donnés! Qu'ils ne
rient pas de l'influence qu'ont eue et qu'auraient
conservée des vers si courts! C'est à eux d'admettre
que, si Béranger est un philosophe dans le sens populaire du mot, et un philosophe bien autrement
puissant que les professeurs de philosophie, il est
de même un homme d'État aussi habile et certainement plus fort que tous les médiocres génies qui,
d'ordinaire, passent des journaux ou du barreau
dans les ministères. Sa science est dans sa raison ;
sa force est dans sa franchise :

> Arracheurs de dents politiques,
> Nos hommes d'État, vieux hâbleurs,
> Prétendent guérir les coliques
> Qu'ils provoquent chez les trembleurs [1].

Béranger n'entendait pas ainsi le jeu redoutable
du gouvernement, et c'est dans le seul intérêt d'autrui qu'il s'est mêlé de penser aux affaires de la
France. En vertu de l'axiome que la science de Dieu et
du devoir, qui intéresse tout le monde, est de toute
nécessité accessible à tous, il a pensé que les ressorts

[1] Le *Septuagénaire*.

du gouvernement ne sont jamais si vigoureux que
lorsqu'ils agissent devant les yeux et sous la surveil-
lance de tous ceux pour qui ils marchent. Qu'on ne
lui parle pas de secrets d'État, d'*arcanum imperii*, de
politique transcendante. Avec ces mystères, qui ne
sont plus des mystères, le désordre de jadis se perpétue; l'harmonie de l'avenir, au contraire, exige
que chacun, pour faire œuvre utile à tous, sache
nettement quel est son devoir et comment il joue
un rôle, non pas égal peut-être en éclat, mais égal
en valeur à n'importe quel rôle. « L'homme, disait
Pascal, est visiblement fait pour penser; c'est toute
sa dignité et tout son mérite, et tout son devoir est
de penser comme il faut. Or à quoi pense le monde?
A danser, à jouer du luth, à chanter, à faire des
vers, à courir la bague, à se bâtir, à se faire roi,
sans penser à ce que c'est qu'être roi et qu'être
homme. »

Chef d'empire ou manœuvre de village, le rang
n'y fait rien, mais il faut que l'homme se rende
compte du rang qu'il occupe et qu'il voie en quoi la
société a besoin de lui. Ayons donc désormais de la
politique toute simple; c'est la meilleure. Ne craignons jamais d'expliquer aux derniers citoyens les
périls ou les splendeurs de la patrie. Faisant cela,
dès qu'un nuage cache une idée, nous pourrons dissiper le nuage.

Or il y a bien des nuages au-dessus des idées qu'il
importe le plus que chacun comprenne et que l'on

règle en commun. C'est en répétant chaque jour
que nous ne périrons pas pour cela, que nous ne
sommes pas en décadence; que, si nous étions en
décadence, nous pourrions nous relever; que ni
l'ordre ni la liberté ne sont perdus; que la cause du
progrès ne peut jamais être sérieusement en danger;
c'est en affirmant qu'il n'y a entre les citoyens qu'un
malentendu que peu à peu les difficultés se dénoue-
ront et que se dissipera la terreur qui domine presque
tous les esprits. En un cas comme celui-ci, la science
la plus féconde, c'est d'espérer à toute outrance.

De sincères amis de la liberté, désolés de sa perte,
creusent jusqu'au fond l'histoire contemporaine. Ils
arrivent jusqu'à faire bon marché de l'œuvre de 1789
et rentrent dans l'ancien régime pour y chercher ce
qui nous manque[1].

Le dépit est pour quelque chose dans l'injustice
commise de cette façon vis-à-vis de la Révolution
française. L'Assemblée constituante nous avait légué

[1] M. de Tocqueville (l'*Ancien régime et la Révolution*) dit : « Un
peuple si mal préparé à agir par lui-même ne pouvait entreprendre de
tout réformer à la fois sans tout détruire. Un prince absolu eût été un
novateur moins dangereux. Pour moi, quand je considère que cette
même révolution qui a détruit tant d'institutions, d'idées, d'habitudes
contraires à la liberté, en a d'autre part aboli tant d'autres dont celle-ci
peut à peine se passer, j'incline à croire que, accomplie par un despote,
elle nous eût peut-être laissés moins impropres à devenir un jour une
nation libre, que faite au nom de la souveraineté du peuple et par lui. »
C'est abonder dans le sens de ceux qui croient que Napoléon a fait
une œuvre utile à la liberté même, et, quoique par un détour, arriver
près de l'opinion de Béranger.

la liberté aussi bien que le reste; nous nous sommes mis dans la nécessité de la sacrifier momentanément. Sachons la mériter et la reconquérir, sans médire de nos pères, qui l'aimaient autant que nous.

Il ne faut pas, quand nos enfants liront notre histoire, qu'ils se moquent de nous et qu'ils nous accusent d'une trop grande facilité à concevoir de la peur, et, sous le joug de la peur, à ne plus croire, ni dans l'avenir, ni dans le passé, aux conquêtes pacifiques de la liberté. La Révolution française, dans ses premiers actes, a mérité qu'on l'admire sans relâche. Et ce n'est la faute ni d'un Mirabeau, ni d'un la Fayette, ni d'un Barnave, si cette belle nation, si confiante, si généreuse au jour de la fédération, comme en 1830, le lendemain de la victoire de Paris, si ce peuple de frères a perdu en apparence son espoir et sa générosité; s'il y a mille partis et mille écoles, pires que des partis, pour nous diviser jusqu'à la haine. Ne disons pas non plus, pour grossir le mal, que ces écoles et ces partis ont mis la France en état de guerre sociale permanente, et qu'on n'a plus de repos que sous un régime de compression.

A qui s'en prennent la plupart de ces désespérés? Pas à eux-mêmes, qui, ayant eu en main le pouvoir, ne s'en sont pas servis assez virilement, qui n'ont pas su intéresser les classes laborieuses à leur politique, qui ont négligé les grandes ressources de l'art de gouverner, l'enthousiasme, le patriotisme par

exemple, et n'ont pas vu que, lorsqu'ils se disaient :
« Enrichissons-nous en paix, » c'était provoquer dans
tous les rangs de la nation le désir d'avoir part au
même bien-être. Ils n'accusent que l'imprudence des
amis du peuple, c'est-à-dire qu'ils en veulent à ceux
qui ont réclamé pour lui le droit de suffrage, qui
se sont proposés garants de son aptitude à l'exercer, qui ont vanté son désintéressement, son patriotisme, son enthousiasme, son amour pour l'instruction, son attachement au travail libre; et,
pleins de mépris pour des écrivains ou des philosophes qui ne sont plus pour eux que des politiques
de carrefour, ils s'enfoncent dans l'on ne sait quelle
définitive horreur du peuple, de la multitude, des
masses.

Qu'un apôtre infatigable traverse les ruines ré-
centes et marche encore en avant, ils l'arrêtent;
mais Béranger leur répond :

> Paul, où vas-tu ? — Je vais prêcher aux hommes
> Paix, justice et fraternité.
> — Pour en jouir, reste où nous sommes,
> Entre l'étude et la beauté.
> — Non, non; je vais prêcher aux hommes
> Paix, justice et fraternité.

N'allons pas si loin chercher des interprétations
pour l'histoire de nos mésaventures. Si le peuple n'a
point fait preuve de beauté morale, en ces dernières
années, c'est qu'on avait desséché la source d'où

coulent les grandes vertus, c'est qu'à la faveur de la
paix et dans les douceurs d'une liberté qui n'a pas
encore de grands attraits pour la foule, nous avons
uniquement donné l'essor aux appétits matériels.
Lorsque la monarchie constitutionnelle est tombée
et que le peuple a envahi la carrière d'où se reti-
raient si précipitamment ceux qui se désolent aujourd'hui, quelles luttes y a-t-il trouvées en honneur,
quelles couronnes promises à l'activité, à l'intelligence, au génie? Nous courions tous à la fortune,
nous voulions des dignités, nous prétendions tour à
tour à la puissance. Le peuple, maître de l'arène, a
imité nos jeux sans noblesse et nos triomphes sans
orgueil.

Sont-ce des esclaves émancipés par erreur, ces
plébéiens qui depuis soixante ans, sur toutes nos
frontières, avaient versé leur sang pour la patrie,
qui pendant vingt ans firent trembler les rois
d'Europe, qui, en 1814, eussent chassé les rois de
l'Europe au delà des Alpes et du Rhin, qui, depuis,
pour faire épanouir notre industrie et nos arts, ont
accompli dans le travail commun la tâche la plus ingrate? Si légitime que soit la douleur de ceux qui
croient la liberté perdue, cette douleur ne devrait
pas, en répondant oui, se charger d'un blasphème
que Dieu peut punir.

Les insensés!

Ils admirent donc, ils aiment cet antagonisme des
anciens temps : l'aristocratie de ceux qui cultivent

leur intelligence et l'armée des travailleurs qui re-
muent la terre avec leurs bras : Sparte libre et les
ilotes? Sparte qui adore le beau, les ilotes à qui
le sentiment même du beau est interdit? Mais le
nombre l'emporte un jour; les ilotes prennent
Lacédémone : que deviennent la beauté et la liberté?

D'autres, moins susceptibles, moins délicats, dés-
espérant de la liberté pour jamais, et n'osant pas
croire que l'invasion de la foule au milieu de nos exercices politiques n'est pas la suite naturelle de sa
participation à nos travaux, se consolent à demi en
continuant l'œuvre de prospérité matérielle et en disant qu'il faut ne plus penser à des débats pleins
d'âcreté, qu'il faut jouir de la paix violente, quand
on n'a pas la paix sereine, et que la liberté n'est pas
le plus court chemin pour arriver au but de la devise
imposée, dit-on, aux temps modernes : donner le
plus de bien-être au plus grand nombre d'hommes
possible.

Dès 1824, Béranger a écrit pour eux la chanson
des *Esclaves gaulois*.

> La liberté conspire encore
> Avec des restes de vertu ;
> Elle nous dit : Voici l'aurore ;
> Peuple, toujours dormiras-tu ?
> Déité qu'on vante,
> Recrute ailleurs des martyrs et des fous,
> L'or te corrompt, la gloire t'épouvante.
> Enivrons-nous !

Rions des dieux, sifflons les sages,
Flattons nos maitres absolus,
Donnons-leur nos fils pour otages :
On vit de honte, on n'en meurt plus.
Le plaisir nous venge ;
Sur nous du sort il fait glisser les coups.
Trainons gaiement nos chaînes dans la fange,
Enivrons-nous !

Les insensés !

Béranger n'est ni avec ceux qui, prenant prétexte des erreurs du peuple, repoussent dorénavant le peuple de la cité politique, ni avec ceux qui, admettant que la liberté a dû périr, puisque le peuple l'a tuée, ne veulent plus désormais d'illusions vaines et ne se passionnent que pour les plaisirs et les richesses.

Ce n'était pas [1] devant un public préparé aux jugements sévères qu'il fallait peindre à son gré, et en vertu de souvenirs particuliers, comme on l'a fait au lendemain de sa mort, un Béranger de cabinet; ce n'était pas à ses anciens amis, aux républicains mécontents, aux libéraux affligés, à toute une bourgeoisie tremblante, qu'il fallait offrir des anecdotes destructives, sous la forme qu'elles ont prise, de l'amour et de l'intelligence de la liberté. Il était certain qu'on les interpréterait avec une sollicitude dont il fallait se défier, et qu'en voyant le Béranger qui nous était donné alors on voudrait reconnaître

[1] Ceci a été dit déjà dans les *Erreurs des critiques de Béranger,* p. 38.

en lui l'homme que les événements ont convaincu
d'un si grand zèle pour les dictatures. Eh quoi !
Béranger a pu dire tout net que « la liberté est le
luxe des gens heureux : »

> La liberté, rebelle antique et sainte !

Il a dit « que le suffrage universel, c'est le pouvoir national opposé aux libertés bourgeoises. » Parole de division, de dissension, que son cœur et sa
raison repoussaient, qu'il n'a pas prononcée ainsi,
à laquelle il a dû aussitôt, dans le train du discours,
donner un contre-poids et que l'on traduit mal, que
l'on défigure en l'affichant dans un écrit.

C'est par ces dissertations sur les besoins du peuple, sur les intérêts de la bourgeoisie, sur la nécessité
de l'égalité et l'utilité secondaire de la liberté, que
l'on pervertit la morale politique d'un peuple et que
l'on perpétue les discordes. Quelqu'un peut penser
que les ouvriers des villes et que les cultivateurs des
champs éprouvent une grande joie à voir priver du
« luxe » de la pensée libre ces ouvriers d'un autre
métier utile, et ces cultivateurs d'un autre champ
fécond qui s'appellent les poëtes, les historiens, les
publicistes, les philosophes ; mais il lui est défendu
de faire croire, contre toute vérité, que le philosophe Béranger pensait ainsi.

Non, la Révolution n'était pas pour lui le nivelle-
ment des classes sous le protectorat d'un chef d'État

tout-puissant. Mais il pensait que, lorsque le tiers
état a fait 1789, c'était pour le tiers état tout entier
qu'il travaillait, depuis le plus riche banquier jusqu'au plus déshérité de nous. Il a réclamé au nom des
malheureux qui, ne vivant que de travail, n'ont pas
de travail assuré, qui rarement peuvent mettre de
côté de quoi soutenir leur vieillesse, qui, après la
mort, n'ont pas de tombe sur laquelle puisse venir
pleurer longtemps leur famille. L'honneur des sociétés modernes n'est-il pas engagé à ce que tous
les citoyens qui sont utiles à la société soient
protégés par elle jusque dans la tombe? Mais il ne
faisait appel à aucune autre passion qu'à l'amour des
hommes, et il ne prêchait que la concorde. Sa vie
privée a été le plus bel exemple de ce que doit et de
ce que peut faire la charité du simple citoyen. Sa
pensée travaillait pour toute l'humanité; de sa personne il travaillait pour quiconque avait le bonheur
de l'approcher.

Nous commettons une faute irrémissible et irréparable, si nous exigeons de la bourgeoisie qu'elle
repousse cet homme unique et qu'elle le condamne
comme un agitateur qui n'appartient qu'à la foule.
Il n'y a plus ni bourgeoisie ni peuple; il y a une nation dont tous les citoyens peuvent arriver à la fortune et aux dignités. Ne nous séparons pas.

Le premier point, le point capital à établir, la
vérité la plus urgente à faire entrer dans toutes
les têtes, c'est que les mots bourgeoisie et peuple

n'ont aucune espèce de signification, et qu'il n'y a pas plus de classes distinctes qu'il n'y a d'ordres distincts en France. Il n'y a dans la nation que la nation, et le plus beau cri que nous puissions pousser dans les jours de fête, c'est : Vive la nation! Les trois ordres d'avant 1789 se sont fondus le 17 juin 1789, dans le tiers état, c'est-à-dire dans le troisième ordre qui était la France entière, sauf le clergé et la noblesse. A partir du 17 juin 1789, jour où la majorité des députés aux états généraux, sur la proposition de Sieyès, se déclarèrent constitués en assemblée nationale, il n'y a plus eu de clergé et de noblesse placés au-dessus des autres citoyens.

Il n'y en aura plus, quoi qu'on fasse. Ce qu'on appelait le prestige et la vieille hiérarchie étant anéanti sans résurrection possible, tout essai d'une reconstruction de noblesse est d'avance condamné ; et, de même, tout effort du clergé pour se mettre au-dessus de la loi commune lui coûterait plus le lendemain qu'il ne lui aurait valu la veille.

Par habitude, on dit encore quelquefois : l'aristocratie, et on prête à cette aristocratie imaginaire une élégance de langage, une délicatesse de sentiment tout excellente. L'autre jour les journaux donnaient la liste des personnes qui louent à la saison les loges des Italiens et accompagnaient leurs noms d'épithètes fort gracieuses. Je ne sais s'il y avait dans ce qu'on est convenu d'appeler la fine fleur de la

société cinq ou six noms fameux sous l'ancien régime. A part quelques étrangers, ces personnages
sont des plébéiens comme vous et moi, qui sans
doute bénissent, comme vous et moi, la Révolution
française.

C'est une affaire réglée : il n'y a donc plus, même
pour les journaux de modes, d'aristocratie ancienne [1].

[1] « Chez nous autres Parisiens (*Ma Biographie*, p. 363), tout prestige
nobiliaire et royal est à jamais détruit. » Il y a une lettre de Béranger qui
se joue avec une malice charmante de ceux qui déplorent cette destruction du prestige. Comme s'il y avait réellement des hommes à sang
d'azur ! comme si un roi était un demi-dieu accordé à la terre par le
Dieu des mondes ! Que ceux qui ne voient de moyens de régler les
peuples que dans leur croyance en la supériorité d'un certain nombre
d'hommes et en la majesté de quelques autres ne conçoivent pas de
vaines espérances. Il leur faut absolument, en face de la postérité,
changer de système.

Le grand Pascal, dès avant Louis XIV, riait sévèrement de ces admirateurs du prestige. « La coutume de voir les rois accompagnés de
gardes, de tambours, d'officiers et de toutes les choses qui plient
la machine vers le respect et la terreur, fait que leur visage, quand il
est quelquefois seul et sans ces accompagnements, imprime dans
leurs sujets le respect et la terreur, parce qu'on ne sépare pas dans la
pensée leur personne d'avec leur suite, qu'on y voit d'ordinaire
jointe. Et le monde, qui ne sait pas que cet effet a son origine dans
cette coutume, croit qu'il vient d'une force naturelle ; et de là
viennent ces mots : Le caractère de la divinité est empreint sur son
visage. »

Il continue :

« La puissance des rois est fondée sur la raison et sur la folie du
peuple, et bien plus sur leur folie. » Voilà qui était parler en homme.
Aujourd'hui, les petits garçons qui vont à l'école en pensent tout autant ; *Et nunc erudimini*, ô courtisans des rois ! et faites des phrases
sur le prestige !

Peut-être c'est ici le lieu d'examiner en quelques mots une question

Resteraient donc en présence la bourgeoisie et le peuple. Mais où finit la bourgeoisie? où commence

qui occupe encore de temps en temps les journalistes; et, quoiqu'un pareil sujet n'eût pas paru à Béranger digne d'une fort grande attention, peut-être qu'il est utile d'en parler comme certainement il en parlait.

Les politiques sont presque tous d'accord pour regarder la noblesse comme une institution essentielle à la monarchie. Quelques-uns seulement, ce sont les plus raffinés, veulent qu'il y ait aussi un corps de noblesse dans les États démocratiques, et que ce corps, dont l'existence est la négation du principe d'égalité, soit le dépositaire du principe de liberté.

Évidemment les chercheurs de perfectionnements, qui désirent que l'on ne néglige rien pour la reconstruction du pouvoir et la glorification de l'autorité du prince, ne proposent pas aujourd'hui, comme appropriée au système du gouvernement qui nous régit, cette noblesse de pure imagination qui n'existe encore que dans les nuages de la théorie, ce patriciat idéal qui serait un Aréopage sans privilèges et sans morgue; et, lorsqu'ils parlent de la nécessité où l'on est, après la noblesse féodale et celle de 1808, d'établir une troisième noblesse chez nous, c'est la noblesse héréditaire et à majorats qu'ils désignent, la noblesse d'essence monarchique.

Mais il faudrait que le pouvoir se crût menacé soit dans le présent, soit dans l'avenir, pour chercher un appui ailleurs que dans le grand principe de la souveraineté du peuple et dans la délégation que la nation fait au prince de cette souveraineté. Il n'a pas de craintes, il n'en montre pas. Pourquoi lui en prêter?

Sans avoir besoin de s'appuyer sur une noblesse héréditaire, le gouvernement impérial peut désirer que cette noblesse l'entoure, lui fasse cortége, et que les personnages titrés contribuent à l'éclat de la représentation que l'on croit nécessaire en France. Et pourquoi nécessaire? La légèreté du caractère national est-elle donc si grande et si incurable, qu'il faille dans le souverain de la roideur et dans sa cour une pompe sans cesse accrue? La France s'est passée de la représentation sous la monarchie de Juillet, et ce n'est pas le défaut de représentation qui a fait tomber Louis-Philippe. Le Napoléon que le peuple, sans l'avoir vu, se rappelle, c'est le petit homme à redingote grise, ou le général d'Italie et d'Égypte à frac sombre, ce n'est pas l'empereur du champ de mai à robe de satin et à manteau de velours rouge. Le

le peuple? Quels priviléges les séparent? Quel
homme du peuple ne peut devenir bourgeois? Quel

génie seul agit sur l'esprit; les titres ont entièrement perdu leur effet.

Donnez à choisir à n'importe quelle nation : Frédéric le Grand, en
habit bleu usé, avec son vieux chapeau de feutre, une canne de dix
sous à la main, ou quelque petit prince d'Anhalt-Coethen en frac garni
d'un crachat de diamants, suivi méthodiquement, à chaque pas, du
premier chambellan, du second chambellan, du troisième chambellan et de six gardes-chasse à chapeau galonné d'argent : elle choisira
sûrement Frédéric.

En quoi consistait la représentation sous la première République?
qu'est-ce qui émouvait les citoyens et leur mettait sous les yeux la
patrie, le danger de la patrie, la nécessité de vaincre, le bonheur d'être
libres, l'espérance de la paix future du monde? c'était l'écharpe d'un
conventionnel en mission, qui n'avait pas un laquais derrière lui.

Cependant Napoléon Ier, en 1808, a créé une noblesse. D'abord ce
n'est pas une raison pour qu'on en crée une. Ensuite Napoléon Ier a fait
des fautes que l'ivresse du pouvoir ou l'empressement des courtisans l'a
entraîné à faire et qui lui ont nui.

Si je ne me trompe, on ne regarde pas généralement le décret
impérial du 1er mars 1808 comme l'acte le plus heureusement inspiré
de l'Empire.

Sans doute l'œuvre de 1808 continuait et complétait l'œuvre com-
mencée en 1806 par la création de quelques principautés et de vingt-
deux duchés réservés sur le pays conquis ; mais de ce qu'une chose a
des suites, il n'en faut pas conclure qu'elle est bonne, et il n'y a point de
génie dans toute obstination.

L'opinion publique était indifférente : elle était même hostile; seule,
une partie de l'armée, qui allait recueillir les principales faveurs de son
chef, affirmait naturellement que la création d'une noblesse militaire
était le plus nécessaire et le plus brillant de ses actes.

L'Empire n'avait été fondé (le Sénat l'a dit en le fondant) que pour
défendre la liberté et maintenir l'égalité. L'Empereur a oublié en
1806 et en 1808 l'origine et le caractère de son pouvoir. Il s'est trompé,
et, plus tard, il a dû se repentir. Au retour de l'île d'Elbe, quel cri
partait des villes et des villages? Napoléon ne l'a pas oublié à Sainte-
Hélène. (Montholon, I, 228.)

Mais a-t-il au moins été récompensé de cet acte impopulaire

bourgeois a le droit de se croire supérieur à un
homme du peuple?

par la reconnaissance et le dévouement des plébéiens qu'il a faits
nobles? Lisez l'histoire : elle dit que l'Empereur, dans sa chute, ne
trouva autour de lui que ceux des généraux français qu'il avait le
plus maltraités, les anciens amis de Moreau, des républicains, Macdonald, Carnot, Lecourbe ; elle dit que, si l'Empire avait pu être sauvé,
il ne l'aurait été que par le courage des paysans de la Champagne et
par le patriotisme des fédérés de Paris.

L'Empereur, comme l'histoire, a tenu lui-même ce langage. Il a re-
gretté cette création d'une noblesse inutile au pouvoir et onéreuse à
la nation.

Mais l'effet de son erreur n'a pas disparu encore du courant des
idées publiques. L'esprit de dignité, le goût du costume, l'amour des
décorations, subsistent et arrêtent l'épanouissement du véritable génie
démocratique.

Je sais bien que l'humanité n'est peut-être pas encore assez éclairée
pour qu'elle marche d'elle-même vers le bien, et qu'il lui faut des gui-
des; mais faut-il que les nations, après avoir subi la force sous la figure
du régime féodal, voient, au dix-neuvième siècle, que l'état des armes
conduit plus promptement et plus sûrement qu'un autre aux croix
d'honneur et aux titres, qu'elles s'habituent par là à aimer les images
guerrières et la guerre elle-même?

Assurément ce n'est pas seulement un parti politique, c'est toute la
France qui, parmi les maréchaux et les généraux de l'Empire, aime
le plus, de mémoire, ceux qui se sont toujours rappelés qu'ils avaient
été les soldats de la République. Les Lannes, les Ney, les Gouvion Saint-
Cyr, les Macdonald, les Lecourbe, les Brune, les Jourdan et le brave
Lefèvre sont préférés aux autres dans la légende napoléonienne, parce
qu'ils ont gardé leur franc parler, leur pensée libre, et parce qu'ils ont
paru dédaigner ou qu'ils ont refusé les distinctions éclatantes. On
admire et on aime le soldat de la patrie, le défenseur du sol, l'émis-
saire armé de la Révolution ; on admire seulement le soldat qui suit
son chef sans penser à la patrie.

La France, « soldat de Dieu, » n'a pas besoin qu'on l'excite pour lui
faire goûter le métier des armes. Allez à Versailles. Sur le front du
monument il y a cette légende écrite par un roi pacifique : *A toutes les
gloires de la France.* Cherchez donc les glorieuses figures de l'histoire

Autrefois le tiers état se subdivisait en bourgeoi-
sie.et en peuple, et la bourgeoisie avait bien quel-

de France de 1792 à 1804. Voici la liste des personnages civils que vous
rencontrerez :

DÉPUTÉS DE LA CONVENTION.	PERSONNAGES DIVERS.
B. Barère de Vieuzac.	La famille Auguste.
J. B. Belley.	M. F. X. Bichat.
J. Delaunay.	Charlotte Corday.
Camille Desmoulins.	J. Darcet.
P. F. N. Fabre d'Églantine.	L. J. M. Daubenton.
J. Péthion de Villeneuve.	Daure.
P. F. J. Robert.	Estève.
	La famille Miot.
MEMBRES DU DIRECTOIRE.	Poussielgue.
L. N. M. Carnot.	Madame Roland.
L. M. Laréveillère-Lépaulx.	J. A. Viala.
C. L. F. H. Letourneur.	

Louis Philippe, dit M. Montalivet (*Liste civile*, in-8, 1851), se réser-
vait de continuer son œuvre au point de vue civil ; en attendant il n'y a
rien de plus à Versailles. Et certes la famille Auguste, M. Estève et
la famille Miot ne sont pas les héros que l'on y vient voir. Tout le
reste du palais est plein de héros militaires.

N'y a-t-il point là une inégalité dangereuse pour l'éducation de l'esprit public et pour le développement des idées d'organisation future,
et faut-il accroître cette inégalité?

Sous Henri IV, Biron demande à son père pourquoi, à la retraite de
Caudebec, il n'a pas voulu qu'on détruise le duc de Parme : la guerre
était terminée du coup.

« Oui, mon fils, la guerre était terminée, et il ne nous restait plus
qu'à nous en aller planter des choux à Biron. »

Et Brantôme, qui raconte l'histoire et qui la trouve gentille, la com
mente ainsi : « Voilà que c'est que d'un cœur généreux qui a une
fois sucé du lait de la dame Bellone ; jamais il ne s'en saoule. »

Le langage de Biron et de Brantôme ne convient plus à nos idées, et
nous croyons qu'il y a des arts égaux à l'art du soldat. Déjà Quesnay,

qués avantages pour elle; mais aujourd'hui cette subdivision n'a pas lieu d'être.

Un grand mot a été lâché, le mot prolétaires. Nous devrions ne plus nous en servir : il signifie quelque chose comme machines à faire des enfants ; c'est un mot injurieux et qui n'est point fait pour une nation qui jouit en principe de toute l'égalité désirable. Aux prolétaires, on opposerait les propriétaires; mais l'erreur est trop visible. Le plus grand nombre de ceux qu'on regarde comme des bourgeois n'ont point de propriétés, et le plus grand nombre de prolétaires, à la campagne, possèdent du bien.

Est-ce riches, est-ce pauvres qu'il faut dire? Mais il y aura toujours des citoyens plus riches que d'autres, et aucune ligne de démarcation ne sera jamais établie entre les diverses fortunes. Que désirent d'ailleurs les pauvres? Devenir riches. Que désirent ceux qui ne sont pas propriétaires? Posséder un bien. Les uns ont ce que les autres veulent avoir; tout le monde est donc d'accord, et ce n'est donc pas d'a-

dans les entresols de madame de Pompadour, disait, il y a un siècle :
« Les militaires font un grand mystère de leur art ; mais pourquoi les jeunes princes ont-ils tous de grands succès? C'est qu'ils ont de l'activité et de l'audace. Pourquoi les souverains qui commandent leurs troupes font-ils de grandes choses ? C'est qu'ils sont maîtres de hasarder. »
Il ne faut plus qu'on croie à l'excellence suprême et exclusive de cet art; il ne faut plus que cet art conduise directement, parce qu'il est l'art de la force, aux dignités nobiliaires. Si le sol est menacé, une couronne d'herbe, décernée par la patrie, vaut un marquisat. En 1796, l'armée d'Italie ne demandait que des sabres d'honneur.

près le plus ou le moins de richesses des hommes
que l'on doit les diviser en deux classes.

Tout est mobile en fait de fortune. Le fils du pauvre sera riche, le fils du riche sera pauvre. Ce n'est
pas comme quand le fils du noble était noble, et le
fils du roturier, roturier.

J'entrevois une autre apparence de distinction :
il y a ceux qui travaillent de leurs mains et ceux qui
ne travaillent pas de leurs mains. Mais, si ce n'est
un assez petit nombre d'oisifs qui pourraient passer
leur temps à faire du bien, tout le monde travaille, et
très-certainement le travail le plus pénible n'est
pas toujours celui des mains. Presque tout le monde
est donc travailleur et ouvrier.

Pourquoi mettre si souvent dans les discours les
expressions : la *bourgeoisie parasite* ou telle autre du
même genre ? Est-ce à cause des quelques oisifs qui
ne font œuvre de leurs dix doigts, ni de leur tête ?
Mais il y a bien des oisifs parmi les gens qui n'ont
rien : ceux qui mendient sans nécessité, ceux qui
volent, ceux qui sont employés et ne travaillent que
le moins possible.

La différence du travail, pas plus que la différence
de la fortune, ne constitue une séparation des citoyens en deux catégories. En définitive, il n'y a en
France que des hommes plus ou moins intelligents,
créés tels par Dieu, et plus ou moins capables de tirer
parti de leur travail. Les mieux doués doivent prêter
secours aux autres.

Il est bien difficile de placer dans la bourgeoisie ceux qui sont le plus intelligents, et de reléguer dans le peuple ceux qui le sont moins. Ne nous classons, si nous voulons absolument nous classer, qu'en hommes instruits et en hommes ignorants.

Les hommes instruits sont ceux dont l'esprit naturel est très-vif, ou dont l'éducation a pu être soignée; les hommes ignorants sont ceux qui manquent d'esprit naturel ou d'éducation. La société n'a rien à se reprocher pour ce qui regarde la nature des intelligences; elle a tout à faire pour assurer à chacun une éducation suffisante.

Nous voilà enfin qui touchons à une définition juste : La bourgeoisie est la partie éclairée du peuple; le peuple est cette grande masse de la population d'un pays qui, par le fait de la nature ou par le hasard des conditions humaines, ne jouit pas du bienfait ou du bonheur de l'instruction.

Ni nos lois ni nos mœurs ne séparent irréparablement les uns des autres.

Du milieu des paysans et des ouvriers surgissent chaque jour des écrivains, des artistes, des savants, qui, non-seulement font honneur à la nation tout entière, mais que la nation honore et qu'elle place au premier rang des citoyens, sans que personne réclame. C'est Béranger, le petit-fils d'un tailleur de bas étage; c'est M. Thiers, le fils d'un ouvrier du port de Marseille.

Ils manquent de raison et sont tout au dépit, ceux

8

qui, pour nous peindre les douceurs de cette union
des classes, remontent au delà de 1789, et voient le
bonheur commun dans l'apparent respect qui, sans
se révolter jamais jusqu'au renversement du trône,
entourait la vieille monarchie. Nous n'irons pas, pour
leur répondre, récrire, même en une page, l'histoire
réelle du temps des priviléges, et nous savons bien
qu'il faut résolûment dater de 1789 notre vie nouvelle. Mais quoi ! Sommes-nous en effet mieux d'accord aujourd'hui qu'en 1788 ? Cela est vrai, nous le
sommes moins. Il faut donc vite apprendre à l'être et
ne pas prolonger au delà des trois quarts d'un siècle
l'évolution qui doit enfin nous transporter, après
vingt terribles secousses, de l'ancienne société féodale dans la jeune société démocratique.

Outre que l'union est un merveilleux multipli-
cateur de la force[1], du talent et de la vertu, ne
finirons-nous pas par croire que les hommes ne
sont pas faits pour se déchaîner sans cesse les uns contre les autres, et que la concorde nous servira plus que
la guerre pour régler le sort présent et l'avenir des
conditions humaines ? Quelle folie ridicule, si elle
n'était odieuse, que de se cantonner par bandes
dans une opinion armée de colère et de ne voir

---

[1] En 1815, Barbanègre et cinquante soldats, qui sont résolus à périr
pour défendre l'honneur de la France, s'enferment dans Huningue et
narguent l'effort de vingt-cinq mille hommes. En 1794, les six cent
mille habitants de Paris, anéantis par l'effroi, se laissent emprisonner
et traîner à l'échafaud, un jour l'un, un jour l'autre, par trois ou quatre
cents sectionnaires.

dans ses adversaires que des méchants ou des imbé-
ciles! Ce tort n'est pas neuf, si l'on veut; mais doit-
il être éternel? Sommes-nous voués, misérables ver-
misseaux, à gratter seulement l'écorce minérale
de la terre et à ne nous point consoler un jour en
nous aimant? Depuis que les sages recommandent
la paix publique et que leurs discours languissent
devant nos querelles, il y a, je le sais, une sorte
de niaiserie à parler doucement de cette paix et
de ses fruits certains. Pourquoi ne se formerait-il
pas un nouveau parti, destiné à vaincre les autres,
celui de la sagesse énergique? Que Béranger soit
notre chef en cette dernière campagne! A droite
et à gauche, exterminons les vices et les erreurs
qui empêchent les hommes de se bien connaître!
Soyons amis de l'ordre harmonieux, comme il l'était
de la raison, jusqu'à la fureur! D'autres ont osé se
faire gloire de leurs théories extravagantes, et ils ont
réussi un instant; ils crient: Vive la servitude! ils
crient: Vive la licence! Osons à notre tour proclamer
la doctrine que tout le monde a abandonnée comme
trop simple, celle de la paix libre, celle de l'accord
consenti et naturel! Nous sommes nombreux, et
dans tous les rangs, bien plus nombreux en bas
qu'en haut peut-être, pour former cette armée de
philosophes et de politiques du bon sens qui, sans
aucune autre science que la ferme volonté de ne
plus nous quereller, ferons la loi[1].

[1] Si en politique théorique (ou oisive) les extrêmes sont souvent

Quoi donc ! le désir unique, la préoccupation constante de la majorité d'entre nous serait le renversement des lois, l'anéantissement des sciences,
la mise en poussière de la civilisation ! A qui veut-
on faire croire, si en effet il y a dans nos villes des
esprits ulcérés, qu'aucun baume ne peut les guérir
et que toute la défense de la société consiste dans
la balle, sans cesse perfectionnée, qui est au fond
des cartouches de munition ? Non, la grande majorité de nous n'est pas coupable de cette affreuse
espérance. N'avons-nous pas nos femmes, nos enfants, et, si chétifs qu'ils soient, nos petits ménages
ou notre morceau de terre ? Presque tous, ne sa-
vons-nous pas que les guerres civiles ne profitent
jamais qu'à ceux qui les compriment, et qu'une
Jacquerie, fût-elle organisée de manière à boulever-
ser dans le sang toutes les fortunes de la France, le
partage du superflu des riches, qui suivrait sa victoire, n'augmenterait que de quelques centimes le
gain quotidien des pauvres et ne l'augmenterait
que pour quelques jours ?

Jamais, comme qu'on s'y prenne, on ne trouvera,

vrais, dans la politique pratique les termes moyens ont seuls de la
vigueur. C'est à force de transactions que nous réglerons le monde.
Quiconque tient une plume.étant supposé instruit et éclairé, l'écrivain
qui désormais louerait un vice ou une erreur nuisible aux hommes ne
serait pas un honnête homme. Mais

> Notre littérature est folle...
> Cn l'entend, d'excès assouvie,
> En vers, en prose, s'essouffler
> A décourager de la vie
> Ceux qu'elle en devrait consoler.

pour avoir raison de ceux qui persisteraient dans leur envieuse ignorance, une meilleure arme que la liberté de parler et d'écrire. Quand cette liberté est suspendue, la défiance des rares écrits qui paraissent se répand dans la foule ; et, de peur de tomber dans un piége, elle s'abstient de lire. Qu'au contraire le débat soit ouvert sans entrave, il suffit que l'autorité maintienne l'ordre dans les rues; l'ordre s'établira bientôt dans les intelligences.

Si, en 1848, les journées néfastes du 17 mars, du 16 avril, du 15 mai et du 24 juin, n'avaient pas été possibles, tout le débordement des écrits et des discours eût déposé chez nous, à la longue, un limon fertile.

Il faut donc, de toute nécessité, à un peuple intelligent, l'ordre dans la rue et la liberté dans les livres. La liberté et l'ordre ! Point d'équilibre stable, si l'un ou l'autre manque. On peut avoir une halte, un temps d'arrêt; on n'a pas la fortifiante sécurité de l'âme. Que l'autorité qui ne veut pas l'appui de la liberté, par accident, tombe en défaillance, les mauvaises passions regimbent comme au premier jour et s'emportent. Et, d'autre part, que la liberté cesse d'être maintenue par le pouvoir qui a été choisi par elle, en un clin d'œil la licence s'empare des lieux publics et y prépare les logis du despotisme.

On sent si bien cela dans les temps où l'ordre et la liberté ne se garantissent plus mutuellement, qu'on

profite, comme d'une trêve inespérée et qui peut être
courte, de la paix rétablie d'une manière quelconque,
et qu'on se hâte au travail, au gain, à l'entassement
des écus, sans souci des délassements de l'art et des
lettres, et quelquefois sans pudeur. Vous qui travail-
lez, rassurez-vous. La société n'a aucun danger à
courir, quoiqu'elle ait à se modifier encore. Dès que
vous le voudrez, il n'y aura rien de précaire dans vos
entreprises, dans vos études, dans votre repos. Ne
vous hâtez pas tant de jouir : voici ce qu'en 1840 [1]
déclarait l'un des promoteurs du mouvement qui
vous a si fort effrayés et qui, malgré vous, si ce n'est
avec vous, s'accomplira. Les paroles de Lamennais
sont aussi rassurantes que fermes, et il parle là,
comme Béranger, son ami, au nom de presque tous
les sincères partisans du progrès social.

« Si j'appelle de toute mon âme les améliorations
réclamées par les classes souffrantes, et qu'elles ont
droit d'attendre de la société dont elles sont le plus
ferme appui, ma conviction intime, fondée sur de
longues réflexions, est que ces améliorations d'économie sociale si désirables, si indispensables, ne sauraient s'effectuer que par des voies exclusives de
toute violence, de toute perturbation anarchique, de
tout désordre réel, par un ensemble de mesures pro-
gressives dont le bienfait doit s'étendre à tous les
membres de la commune famille. L'avenir auquel

---

[1] Le 26 décembre, dans une déclaration faite à l'audience du tribu-
nal qui allait le juger.

nous aspirons tous ne sera point une négation, une destruction fondamentale de ce qui l'a précédé, mais un développement des germes de bien que le présent renferme en son sein et qu'y étouffent les passions mauvaises. »

C'est Lamennais encore qui a dit, s'adressant au peuple :

« Garde-toi, peuple, d'incarner tes sublimes espérances dans la boue que tu foules aux pieds. Durant ce court passage, tu n'es entouré que d'ombres vaines : les réalités te sont invisibles, l'œil de chair ne peut les saisir ; mais Dieu, qui en a donné l'invincible désir à l'homme, en a mis aussi dans son cœur l'infaillible pressentiment. Lève les yeux : ici est le travail, la tâche à remplir ; ailleurs est le repos, la vraie joie, la récompense certaine du devoir accompli jusqu'au bout [1]. »

Rassurez-vous, ô vous qui tremblez, et laissez se dissiper les vains fantômes ! la défense de la propriété ne sera jamais qu'une affaire de police.

Le spectre de la *Marianne* n'effraye point ceux qui ont une bonne conscience et une volonté ferme. Quelle est cette fédération souterraine qui doit chaque lendemain faire crouler le sol sous nos pas ? De bonne foi, pensez-vous qu'un fort grand nombre d'hommes aient juré une haine réfléchie, implacable et efficace à la société ? Il est impossible qu'ils soient

---

[1] *Livre du peuple*, ch. xvi.

nombreux et impossible qu'ils voient clair dans leur propre pensée. Je méprise cet épouvantail, si on veut qu'il m'arrête quand je cherche la liberté. S'ils sont une armée, soyons une armée aussi, au jour de la rencontre, et, sûrs de défendre ce qu'il y a de noble dans la nature humaine, ayons tout le courage que cette défense réclame. Mais ce n'est qu'une poignée d'hommes qui ont fait un vilain rêve et à qui nous n'avons qu'à parler des belles choses de la terre pour qu'ils les sentent comme nous et les aiment avec nous.

Croupissant dans une terreur ridicule, nous avons l'air de coupables qui tremblent devant le châtiment. Disons-nous : Et pourquoi serai-je châtié par d'autres hommes, moi qui, fils de mes œuvres, n'ai jamais désiré que le triomphe rapide de toutes les idées généreuses de 1789 ? Si la *Marianne* existe, si, pour le malheur de la patrie et de l'humanité, elle est ce qu'on dit qu'elle est, et si un jour quelque sectaire, le fer à la main, me demande compte de ma vie, le fer à la main, ou la main désarmée, il faut répondre :

« J'aime autant que toi l'égalité, j'aime plus que toi la liberté ; je suis un meilleur citoyen que toi. »

Mais non, nous n'avons point cette angoisse devant nous, et, s'il y a une bataille, nous la gagnerons. Les Girondins ne se sont perdus que pour avoir été faibles ; Robespierre n'a péri que pour avoir manqué de résolution ; Napoléon n'est tombé du trône que parce qu'il n'a pas osé se maintenir ; la monarchie constitutionnelle n'a succombé que parce qu'elle ne s'est point défendue [1].

Il en coûte à un homme qui aime de tout son cœur sa patrie et la liberté de blâmer ceux qui, aimant comme lui la liberté et la patrie, compromettent la cause commune par leurs paroles, par leurs projets ou par leurs actes. Et cependant, si, voulant affranchir l'Italie, Manin veut ceci et Mazzini cela, Manin, qui voit qu'un grand nombre d'hommes modérés l'approuvent, a bien le droit de blâmer Mazzini, qui les effarouche ou les épouvante.

Et nous qui désirons que ceux qui ont besoin de la liberté en jouissent, de même qu'il faut que tout le monde jouisse de l'égalité, nous avons le droit de déplorer la terrible erreur de ces chefs de sectes, ou publiques ou secrètes, qui veulent, sous prétexte

---

[1] En tous temps j'ai trop compté sur le peuple pour approuver les sociétés secrètes, véritables conspirations permanentes qui compromettent inutilement beaucoup d'existences, créent une foule de petites ambitions rivales et subordonnent des intérêts de principe aux passions particulières ; elles ne tardent pas à enfanter les défiances, source de défections, de trahisons même, et finissent, quand on y appelle les classes ouvrières, par les corrompre au lieu de les éclairer. A tout ce que j'avance ici je pourrais apporter des preuves. J'ai su tout ce que ces sociétés ont fait, ou j'en ai su du moins assez pour affirmer qu'elles ne peuvent convenir qu'à des peuples opprimés par l'étranger.

La Révolution de 1830 a prouvé que, dans un pays où les mœurs, sous quelque régime que ce soit, assurent toujours une certaine somme de liberté, on n'a besoin ni de sociétés secrètes ni de conspirations pour qu'à son jour le peuple montre sa volonté.

(*Ma Biographie*, p. 451.)

d'égalité, reconstituer l'inégalité au profit du prolé-
tariat, et qui, sans calculer la portée d'une menace
semblable, projettent d'abolir quelque jour la propriété individuelle.

Cette liquidation de la société dont on ose parler en des termes qui ont un air scientifique est
chose matériellement et moralement impossible. Les
petites cotes de 5 francs se laisseraient encore moins
liquider que les grandes cotes, et celui qui n'a que
sa marmite tiendra toujours à manger sa soupe à
son heure, avec ses enfants, et non dans un réfec-
toire de caserne.

Mais ce n'est pas de l'abolition impraticable de la
propriété qu'on doit sérieusement s'occuper; il faut
prouver au peuple qu'il n'a rien à gagner dans les
entreprises dont on lui montre que la bourgeoisie
supporte toute la charge, et que, lorsque les gens sans
instruction approuvent qu'on opprime la pensée des
gens instruits, c'est comme s'ils allaient, pour rendre
plus féconde une plante, couper toutes ses fleurs et les
jeter en guise de fumier sur la racine. Ce ne sont
que les fleurs qui donnent les fruits.

On calomnie la bourgeoisie : elle a fait 1789 et
1830. Ce n'est pas elle qui a des préjugés contre le
peuple; c'est le peuple qui en a contre elle. La bourgeoisie ne veut pas que le peuple soit condamné à
l'ignorance, et le peuple souffrirait que la bourgeoisie
fût privée du droit de penser et de parler. La bourgeoisie ne veut pas que le peuple reste cloué sur sa

misère, et le peuple n'aime pas que la bourgeoisie
soit riche. La bourgeoisie sait que si le peuple se sépare d'elle, c'en est fait de la fortune et de la force
de la nation, et le peuple oublie que, s'il n'y avait
pas de bourgeoisie pour le guider dans le travail et
faire circuler les fruits de ce travail, toute la nation retomberait dans la silencieuse infortune du
moyen âge. La bourgeoisie, qui a l'habitude de penser, a perdu ce qu'elle a de plus cher lorsqu'elle perd
la liberté ; le peuple qui, « ne pensant pas, ne compte
pas » (ce sont les expressions de M. Proudhon), ne
gagne rien à son irruption dans les affaires politiques. La bourgeoisie admet que tout homme, dès
qu'il en est capable, peut prétendre à sa part de
gouvernement, et le peuple croit que le principe de la
souveraineté du peuple, c'est-à-dire de l'universalité
des citoyens, c'est le principe de la prépondérance
de ceux qui travaillent avec leurs bras.

Jusqu'au courage, on refuse les vertus naturelles
à la bourgeoisie. Napoléon a dit que de toutes les armées qu'il a commandées, la plus digne de la gloire
fut celle qui, en 1796 et 1797, a conquis l'Italie, et il
a remarqué qu'on y comptait fort peu de paysans et
d'ouvriers, et qu'elle s'était recrutée presque tout
entière parmi les volontaires de la petite bourgeoisie méridionale.

La bourgeoisie ne se passionne guère que pour les
hommes de génie; le peuple, sous Louis XIV, pro-
clamait un Beaufort roi des halles.

Béranger lui-même, avouons-le, en voulant le consoler, a enorgueilli le peuple outre mesure; mais, qu'on l'avoue aussi, il n'a jamais raillé que les travers, et il n'a point méconnu les services ni les vertus de la bourgeoisie.

Comment l'aurait-il fait, puisque l'homme de la bourgeoisie, c'est l'homme dont on a cultivé l'intelligence?

L'un de ses derniers conseils au peuple inclément veut qu'il s'instruise.

> Sachez que l'homme de bien,
> Seul, en vaut deux s'il lit bien,
> En vaut trois, s'il sait bien écrire.
> Le savoir, c'est la liberté;
> L'ignorance, c'est l'esclavage [1].

Dans une autre chanson, l'*Avis*, il recommande à chacun de bien s'examiner avant de vouloir s'élever au-dessus de sa sphère.

> Le travail n'a pas qu'un mobile :
> Un noble but peut l'animer.
> Sois, dis-je, un citoyen utile ;
> Tu me réponds : Je veux rimer.

Et il s'efforce de prouver que presque toujours le bonheur nous attendait au lieu même de notre naissance, pendant que, sans consulter nos forces, nous prétendions faire un métier ou jouer un rôle qui ne nous convenait pas.

[1] La *Leçon de lecture*.

L'imbécile Marat n'a qu'un mot à la bouche : les hommes d'État ! Le peuple apprend par cœur et répète cet anathème. Qu'arrive-t-il ? Il assiége la Convention jusqu'à ce qu'elle lui livre Vergniaud, Guadet, Brissot, et, quelques mois après, le ministère des affaires étrangères est confié à un maître d'école de village qui sait à peine signer son nom, et qui, lorsqu'à la fin on le congédie, demande au moins qu'on le conserve en qualité de garçon de bureau. Nous nous découvrons sans peine lorsqu'on nous demande de saluer cette mémorable époque; mais il ne nous est pas interdit de croire que la France eût été sauvée, quand même le peuple n'aurait pas de si près manié le gouvernement.

S'il est la source de la force, il ne l'est pas de la pensée : autant vaudrait louer sans réserve la pureté et la sûreté de son goût dans l'appréciation des beaux-arts.

Il a de vigoureux instincts; il n'est pas capable, sans guide, de la vraie sagesse. Il n'a donc pas d'opinion en politique.

Charles Nodier[1] a quelque part fait causer l'un des prisonniers du temps du Consulat et l'agent chargé de l'arrêter. Ce dialogue n'est pas seulement spirituellement mis en scène, il est vrai. L'agent croit que le jeune homme est un émigré, et il le plaint; mais son captif lui dit que c'est comme

---

[1] *Souvenirs de la Révolution*, t. II, p. 21 de la dernière édition.

suspect de jacobinisme qu'on l'arrête. « Les jacobins!
s'écria-t-il, à qui en parlez-vous? Un jacobin! je
le porte dans mon cœur. Je l'ai été, jacobin, et des
durs, mon cher enfant. Je ne sais pas si vous m'en
croirez : Henriot m'aimait comme un frère, et ce
pauvre Hébert! il n'a jamais passé près de moi
sans me serrer la main. Quelle âme qu'Hébert! quelle
âme! Sa femme était un peu bigote; mais lui, c'é-
tait un charme de l'entendre. Un Brutus! un Ma-
rius! un Scévola! Il aurait tué son père. — Et comment se fait-il qu'avec tant de prédilection pour
toutes les opinions extrêmes au milieu desquelles
l'usurpateur de nos libertés s'est placé, vous ser-
viez d'instrument à ses proscriptions? — Hélas! répondit-il, quand on est père de famille, on veut
de l'avancement. »

Une anecdote encore.

En 1815, l'acte additionnel [1] avait été envoyé
dans toutes les communes par le ministre de l'intérieur, et le maire d'une commune rurale lui ré-
pondit : « Nous avons reçu la constitution que vous
nous avez adressée, et nous recevrons de même
toutes celles qu'il vous plaira de nous adresser par
la suite. »

Comment veut-on qu'il en soit autrement? Les
hommes qui manquent de lumières, qui ne connaissent pas l'histoire, qui n'ont ni l'habitude ni

---

[1] *Mémoires de M. Dupin*, t. I, p. 17.

le temps de comparer entre eux les hommes et les choses, ne sauraient entrer dans le sens de la plupart des grands actes législatifs d'un pays. Pourvu qu'on n'ait pas l'air de faire fi de leur jugement, ils approuvent presque toutes les modifications que les lois générales peuvent subir sous le coup des événements. Ils ont accepté et sanctionné successivement toutes les constitutions et tous les changements de gouvernement. Ce n'est pas inconstance, car le peuple des villes et des campagnes, la multitude enfin, si elle ne saisit pas les nuances de la politique, n'a jamais changé et ne changera jamais d'opinion sur le fond des idées qui, depuis soixante-dix ans, s'appellent les principes de 1789.

Mais il faut avoir le courage de dire au maçon qui a vu les clubs de 1848 et qui s'y est cru homme d'État qu'une grande instruction est aussi nécessaire que le bon sens à l'homme qui veut s'occuper des affaires de son pays, et qu'il faut à ce métier un apprentissage dont peu d'esprits sont capables; de lui dire que, lui maçon, rirait sans doute si un ministre gâchait gauchement du plâtre, et qu'il n'y aurait pourtant pas grand mal à cela, tandis que le désordre dans les matières de gouvernement est long et difficile à réparer; de lui dire encore (mais ceci est surtout l'affaire des historiens qui aiment la France et les hommes), de lui prouver que l'apparition du peuple sur la place publique, depuis 1789, n'a fait jamais autant de bien qu'elle a causé de mal, toutes les fois

qu'il n'était pas appelé par la bourgeoisie pour combattre avec elle. Il comprendra sûrement : s'il ne
comprend pas, vive encore la raison[1]! Vous enten-

[1] Parmi les pages les plus tristes de l'ancien *Moniteur*, j'ai noté le
numéro du 1er décembre 1792, qui contient un article de Pétion. Cet
article n'est pas d'un grand style , mais la pensée qui l'a dicté est excellente. En ce moment, après les inconcevables succès de l'audacieuse
Commune, le parti girondin se sentait déjà perdu, et malheureusement
avec lui devait pour longtemps se perdre en France le désir de sauver
avec l'égalité la liberté, et de défendre la révolution à l'intérieur et à l'extérieur, sans compromettre sa cause devant la postérité. Pétion, évidemment poussé par ses amis à prendre la plume et à faire un dernier
effort, essaye de faire comprendre aux basses classes de la nation
qu'elles ne doivent pas se croire tout de suite capables de gouverner.
Bonnes paroles, si elles ne venaient pas si tard. C'est avant que le
peuple se soit saisi du pouvoir qu'il faut lui dire que le gouvernement
de la société ne peut être confié au premier venu. Pétion disait :

« Il faut l'avouer, la liberté a été mûrie en serre chaude. Il est impossible d'avoir dissipé en un si court espace les erreurs de tant de
siècles ; il est impossible d'avoir amené tout à coup des hommes qui
languissaient dans la fange des préjugés et dans l'avilissement à un tel
état de lumière et à la hauteur de nos destinées actuelles.

« Avant notre immortelle révolution, quelques hommes instruits,
quelques philosophes, méditaient sur la science des gouvernements,
sur les principes de la liberté, sur les grands objets d'économie politique ; mais la masse de la nation était inerte, livrée à des travaux pénibles qui ne lui laissaient pas le moment de s'instruire, et restait
courbée sous le joug de la superstition et de l'erreur.

« Cette masse est aujourd'hui en activité, et ouvre les yeux à la lumière ; elle veut le bien, et cherche à s'éclairer. Mais qu'arrive-t-il ? Elle
prend ses premières idées pour des connaissances, ses premiers aperçus
pour des résultats de l'expérience : la présomption est d'autant plus
grande qu'elle sait moins. Plus les sujets sur lesquels elle s'essaye sont
importants, plus ses fautes sont graves et ses écarts funestes.

« L'homme qui a le moins cultivé sa raison se met à haranguer, parle
avec assurance sur les matières les plus difficiles, les entrevoit à peine,
les envisage sous de faux rapports. Ceux qui l'entendent n'étant or-
dinairement pas plus instruits que lui, l'applaudissent, recueillent l'er-

dez dire quelquefois : Le peuple prétend qu'on l'a
dupé en 1848, et, à l'occasion, il ne souffrirait pas
qu'on le dupe. Absurdité pure. Est-ce la colère du
peuple ou la faiblesse de la bourgeoisie qui a
fait 1848?

Si la bourgeoisie le voulait bien, aucune révolution, ni d'en haut ni d'en bas, ne pourrait venir
troubler la vie intellectuelle et matérielle de la
France : elle seule empêche ou laisse faire les coups
d'État. Quelquefois elle les demande ; d'autres fois
elle se résigne à les subir. Le peuple applaudit toujours, parce que les révolutions l'amusent en guise
de spectacle, et parce qu'il aime, comme un enfant, à se moquer des lois.

A Dieu ne plaise que j'entre ici dans l'examen
d'une thèse qui n'a été que trop bruyante et dont
nous n'avons que trop durement expié les impru-
dentes applications!

> Comme les rois, le peuple a ses valets,

qui lui cassent l'encensoir sur le nez et qui volon-
tiers parlent de ses vertus en mettant à chaque mot
une majuscule. Béranger a chanté le peuple pour lui
donner du cœur; il ne l'a pas loué fadement et bê-

reur avec avidité, la propagent ; et insensiblement l'opinion publique
se corrompt et prend une fausse direction. Cette opinion égarée vient
ensuite presser de son poids toutes les autorités et les entraine dans
son cours. »

tement. C'est sa gaieté qu'il aimait et qu'il voulait armer contre la peine.

> Il faut qu'enfin l'esprit venge
> L'honnête homme qui n'a rien.

C'est son patriotisme désintéressé qu'il admirait, et à bon droit ; car le *Vieux Vagabond*, qui achève de vivre sur les orties et la folle avoine du fossé, a aimé cette terre sur laquelle il n'a pu bâtir sa maison.

> Le pauvre a-t-il une patrie ?
> Que me font vos vins et vos blés,
> Votre gloire et votre industrie,
> Et vos orateurs assemblés ?
> Dans vos murs ouverts à ses armes
> Lorsque l'étranger s'engraissait,
> Comme un sot j'ai versé des larmes.

Ces larmes doivent être comptées pour quelque chose ; elles rachètent bien des folies. Mais cherchons ce que les sectes ont fait de supérieur à l'œuvre de Béranger, pour adoucir le sort de ceux qui travaillent. Ce ne sont pas les systèmes particuliers de MM. Pierre Leroux, Louis Blanc, Proudhon ou Cabet, que l'on a à examiner : ils n'ont pas été mis en pratique. Mais nous avons aujourd'hui sous les yeux le triomphe d'une foule de philosophes qui autrefois, à un point de vue particulier, parlaient de renouveler la face du monde.

Un peu après 1830, les saint-simoniens ont affiché dans la ville une religion toute nouvelle. Où est-

elle, cette religion pétrie de matière? Où sont ces
dogmes entés sur les axiomes de l'économie politique
qui voulaient détruire également la foi et la liberté?
Et les prédicateurs de cette religion, sur quelle croix
ont-ils voulu mourir pour frapper l'imagination des
peuples? Ils ont créé l'empire des compagnies financières, ils possèdent les voies ferrées de la France,
ils semblent régir le monde et du moins l'éblouis-
sent ; mais cette fièvre d'affaires, qu'ils ont allumée
en France, cette circulation impétueuse des capitaux
qu'ils sont si fiers d'avoir créée, cette absorption de
tous les efforts individuels en un même courant invincible, qu'ils nous prouvent que le nombre des vic-
times qui la maudissent ne l'emporte pas sur le
nombre de ceux dont elle fait la joie ! Admettons
que nous avons tous gagné à la loterie qu'ils ont ouverte : eh ! c'est notre gloutonnerie qu'on a satis-
faite ; ils n'ont rien fait pour notre âme !

J'aime mieux de modestes inventions, comme celle
de l'*Orphéon*, et je crois qu'un beau chœur chanté
d'accord vaut mieux pour la paix qu'une coalition
de banquiers.

> Les cœurs sont bien près de s'entendre
> Quand les voix ont fraternisé.

Or quelle est la part du cœur humain dans une
distribution de dividendes ?

Quand Béranger (dans la préface de ses *Dernières
Chansons*) reproche aux républicains eux-mêmes de

ne pas songer assez à l'organisation de la démocratie, quand il dit du mouvement d'idées qui a suivi l'avénement au trône de Louis-Philippe : « J'ai vu surgir et se développer des idées philosophiques et sociales qui, un jour, dégagées d'erreurs inévitables, serviront à l'amélioration de ce pauvre monde, dont la prétendue civilisation n'est guère encore que de la barbarie, » il n'entend pas que cette organisation de la démocratie et l'amélioration de ce monde consistent dans le seul développement des entreprises industrielles ou financières de nos cités. D'abord il eût dit comme Jean-Jacques : « Vous êtes plaisants, vous autres philosophes, quand vous regardez les habitants des villes comme les seuls hommes auxquels vos devoirs vous lient. » Ensuite il rappellerait que son vers

Plus près des cieux qu'ils rapprochent le monde

relève vers l'idéal le visage que l'on cherche à tenir baissé vers la terre, et que, lorsqu'il a dit, avant que retombât la pierre de sa tombe,

L'égalité fera sa gerbe[1],

---

[1] *Ma Biographie*, comme le volume de vers, s'achève sur une semblable prophétie. « Le triomphe de l'égalité se prépare en Europe, et la gloire de ma chère patrie sera d'avoir réclamé la première, au prix des plus grands sacrifices, le gouvernement de la démocratie, organisé par les lois qui sont le besoin de tous. » Il faut y voir le même sens.

L'élan le plus vigoureux de sa commisération pour les pauvres qui

cette image reflète les couleurs d'un avenir où le
vœu du poëte a entrevu, non pas un festin où chacun
mange à part égale, mais une confédération frater-
nelle qui ne connaît plus l'injustice et qui dis-
pense, autant que possible, à tous les peuples et à
tous les hommes le trésor commun de la vérité et de
la vertu.

Tel philosophe s'obstine à ne voir dans la Révolution française qu'une question économique. Si on le
presse d'expliquer les nobles élans de l'âme qui ont
mille fois, de 1784 à 1800, illustré le théâtre sur lequel agissaient nos pères, il se retire dans son mépris
de la superstition et emploie des mots matériels. Si
on le somme d'admirer le désintéressement, le courage, l'enthousiasme, l'héroïsme civique de ces
grandes générations, il croirait presque qu'elles ont
été dupes d'un préjugé. Béranger, qui ne s'est guère
occupé d'économie, n'a, suivant lui, rien compris à
la Révolution, et il a contribué à en fausser la signification dans l'opinion publique.

Mais bien mieux que ces sophistes, et quoi qu'ils
disent, Béranger a interprété le sentiment de cette
histoire. On l'en a loué longtemps ; laissons-le s'en
féliciter. « Il m'a été facile, a-t-il dit, de voir quel-

---

ne peuvent pas encore vivre en travaillant a laissé sa marque dans les
Vendanges du recueil posthume.

Le cri y est trop vif ; mais quel poëte ne tend pas quelquefois trop
l'arc et n'envoie pas trop loin sa flèche ? Ce cri, d'ailleurs, est moins à
l'adresse de ceux qui souffrent qu'à l'adresse de ceux qui pourraient
les laisser souffrir.

quefois plus juste et plus loin que des esprits qui
m'étaient supérieurs, mais qu'agitaient des désirs ou
des passions que je n'avais pas. » Le temps était venu
d'élever le niveau des mœurs publiques, de les châtier sans colère, de les pousser vers la simplicité. Il
voulut être, dès qu'il s'en vit la force et le crédit, le
flagellateur des vices, l'inspirateur des nobles pensées. « Ce rôle d'Aristophane, qui m'avait paru si
beau à l'âge de vingt ans, sans le génie, mais aussi,
du moins il me semble, sans l'acrimonie du poëte
athénien, je le jouai, non au théâtre, où il n'est
peut-être plus possible, mais dans tous les rangs de
la société française. »

> Enfin, né voisin d'une classe
> Où pullulent les malheureux,
> J'aidais à remplir leur besace ;
> J'allais jusqu'à glaner pour eux.
> Perdus dans vingt sentiers contraires,
> Ils se guidaient à mon flambeau,
> Ces infortunés sont mes frères,
> Je dois partager leur tombeau.

Il a joué ce rôle dans tous les rangs, mais il n'a
voulu jamais quitter ceux parmi lesquels il a commencé de vivre, à qui il savait que ses chansons
étaient le plus utiles et pour qui, en somme, il est
le plus urgent que travaillent les hommes d'un grand
cœur.

Il les poussait au bonheur, et non à la révolte [1].

---

[1] J'étonnerai peut-être un grand nombre de propriétaires qui raffo-

Pur de haine et d'hypocrisie,
Rêvant le bien, cherchant le beau,

il s'obstine à nous préserver de cet égoïsme des
gens heureux qui les rend trop sévères pour l'ignorance et pour les vices que l'ignorance fait germer
dans la misère.

En 1833, dans la préface excellente de son quatrième recueil, il avait dit déjà :

« Par suite d'habitudes enracinées, nous jugeons
encore le peuple avec prévention. Il ne se présente à
nous que comme une tourbe grossière, incapable
d'expressions élevées, généreuses, tendres. Toutefois,
chez nous il y a pis, même en matière de jugements
littéraires, surtout au théâtre. S'il reste de la poésie
au monde, c'est, je n'en doute pas, dans ses rangs
qu'il faut l'aller chercher. Qu'on essaye donc d'en
faire pour lui; mais, pour y parvenir, il faut étudier
le peuple. Quand, par hasard, nous travaillons pour
nous en faire applaudir, nous le traitons comme font

---

lent toujours d'Horace et, décidément, n'aiment plus Béranger, en leur
indiquant, à la fin de la seconde satire du deuxième livre, une théorie
de la propriété qui est aussi hardie que la morale des *Bohémiens* et
des *Contrebandiers*. La nature, dit Horace, ne donne à personne la
terre en toute propriété ; elle la prête seulement à qui travaille de bon
cœur :

Nam propriæ telluris herum natura, neque illum,
Nec me, nec quemquam statuit. Nos expellit ille ;
Illum aut nequities, aut vafri inscitia juris,
Postremo expellet certe vivacior hæres.
Nunc ager Umbreni sub nomine, nuper Ofelli
Dictus, erit nulli proprius ; sed cedet in usum
Nunc mihi, nunc alii. Quo circa vivite fortes,
Fortiaque adversis opponite pectora rebus.

ces rois qui, dans leurs jours de munificence, lui
jettent des cervelas à la tête et le noient dans du
vin frelaté. Voyez nos peintres : représentent-ils des
hommes du peuple, même dans des compositions
historiques, ils semblent se complaire à les faire
hideux. Ce peuple ne pourrait-il pas dire à ceux qui
le représentent ainsi : « Est-ce ma faute, si je suis mi-
« sérablement déguenillé? si mes traits sont flétris
« par le besoin, quelquefois même par le vice? Mais
« dans ces traits hâves et fatigués a brillé l'en-
« thousiasme du courage et de la liberté; mais sous
« ces haillons coule un sang que je prodigue à la voix
« de la patrie. C'est quand mon âme s'exalte qu'il
« faut me peindre. Alors je suis beau. » Et le peuple
aurait raison de parler ainsi. »

Dans *Ma Biographie*, à propos du temps qu'il a
vécu en prison, il va jusqu'à prendre la défense des
malheureux que les vices de l'ignorance et de la
misère ont perdus. « Le plus grand tourment des
maisons de détention, dit-il, et quelquefois il est
affreux, c'est le spectacle d'irrémédiables infortunes
imprudemment encourues, et des natures dégra-
dées qu'on y rencontre. Qui le croirait pourtant?
Ce n'est pas là qu'un misanthrope trouverait le
plus d'arguments contre cette pauvre espèce humaine. En revanche, le philosophe en rencontre-
rait de terribles contre les lois qui nous régissent,
quoique moins imparfaites pourtant que celles qui
ont pesé sur nos pères. »

Il y a de mauvaises natures, observe l'égoïste, et contre elles nous avons besoin de ces lois. Mais ces mauvaises natures se rencontrent dans tous les rangs de la société, et ce n'est pas manquer de respect aux lois que de demander qu'on mette un peu plus de mansuétude, chaque jour, dans le châtiment de bien des délits qui ne ressemblent pas à des crimes. Cet adoucissement, nous ne l'ignorons pas, est l'œuvre du temps et a toujours suivi l'amélioration des mœurs. Devançons, s'il se peut, les mœurs elles-mêmes pour voir si ce n'est pas les stimuler au bien, et persuadons-nous que le progrès véritable dans les sociétés ne se constate en définitive que dans les tableaux de la statistique criminelle.

Toute la France, pressentant cette vérité, vient d'applaudir au discours solennel du procureur général de la cour de Paris, lorsqu'il a recommandé aux juges le respect des accusés et la douceur.

Que le *Vieux Vagabond* ne dise plus:

> Comme un insecte fait pour nuire,
> Hommes, que ne m'écrasiez-vous?
> Ah ! plutôt vous deviez m'instruire
> A travailler au bien de tous.
> Mis à l'abri du vent contraire,
> Le ver fût devenu fourmi,
> Je vous aurais chéris en frère.

Et, pour ne parler que du plus grand des châtiments que l'homme inflige à l'homme, adversaire

de la peine de mort [1], Béranger la juge non-seulement injuste, mais inutile, et il pense comme
Victor Hugo à l'Assemblée constituante [2] : « Le
dix-huitième siècle a aboli la torture, le dix-neuvième siècle abolira la peine de mort. »

> Un jour tout sera bien, voilà notre espérance ;
> Tout est bien aujourd'hui, voilà l'illusion ;

a dit Voltaire, qu'il fait si bon citer souvent à côté
de Béranger. L'homme sage sait bien que tout ira
de mieux en mieux avec les années, mais il ne veut
pas qu'on. s'endorme dans la paresse de l'espoir et
qu'on réserve toujours à l'avenir ce que le présent
doit faire.

Il est bien que les philosophes et les poëtes de-
vancent même leur siècle. Leurs conseils, leurs ré-
clamations pour des réformes qui ne peuvent être
parfois que lentes, ne sont pas pour cela en insurrection contre les lois et les mœurs de leur temps;
mais ils doivent marquer la route à suivre et n'être
jamais satisfaits.

Béranger accomplissait le devoir d'un homme de
génie en demandant que le progrès, en toutes
choses, soit mieux marqué, et le soit plus vite. Les
gens à courte vue déplorent cette manie de mé-
contentement; mais il faut de ces grands mécon-

---

[1] Voir *Ma Biographie*, p. 265.
[2] Séance du 15 septembre 1848.

tents pour que le monde ne s'arrête pas dès que
quelques personnes se trouvent heureuses.

Le chantre de l'amour philosophique n'a point
oublié la femme dans ce qu'on peut, si l'on y tient,
appeler ses utopies.

Le peuple est malheureux, mais ne l'est-il pas
souvent par sa faute ? Autant la misère des honnêtes
gens est criante, autant la pauvreté du paresseux,
de l'ivrogne, de l'orgueilleux, est coupable. Un
homme, en France, trouve presque toujours à
s'occuper. Ah ! si l'on parlait des femmes, de ces
pauvres filles déshéritées, de ces veuves lamen-
tables qui, chargées d'enfants, et travaillant jour
et nuit, n'ont pas même de bois pour leur foyer
ni d'huile pour leur lampe, nous comprendrions
les plaintes et les murmures. Celles-là n'ont point
la virilité pour se consoler ; elles ne vont pas sur
la place publique s'occuper et parler des affaires
du pays. Leur vie est triste jusqu'à la mort, parce
que l'homme manque à la protection qu'il doit à
leur faiblesse.

Béranger, et nous aussi, n'est-ce pas, nous deman-
dons pour la femme quelque chose de plus que ce
qu'elle a. Un mari brutal la dédaigne, la gâte, l'ap-
pauvrit, la bat peut-être. Dieu la vengera, mais
nous déjà vengeons-la des périls et de la corruption
où sa vertu est jetée. Faisons-lui, à côté de nos mé-
caniques, des métiers nouveaux, cherchons-lui le
salaire qu'il lui faut pour acheter des langes à ses

enfants. Cette grâce, cette fleur de la vie de l'homme,
a droit, sinon à notre amour, au moins à notre
pitié.

> Amour, dans ma mythologie
> Dieu sourit à la volupté.
> Je vous prophétise une autre ère :
> La femme engendrera la loi.
> Qu'elle soit reine où l'homme est roi,
> Qu'en son époux Ève retrouve un frère.

Cela ne veut pas dire que la femme sera un jour
tribun du peuple; mais du foyer domestique elle
élèvera sa voix jusqu'à nos assemblées, et nous mo-
difierons nos lois pour lui faire un sort plus doux
dans notre vie commune. La chevalerie est morte;
la politesse, grâce au tabac, va mourir. Cherchons
quelque chose qui console, sans l'affoler, notre
compagne.

> Qu'elle soit reine où l'homme est roi !

Puisse l'histoire de la mère Jary, cette élégie
plaintive, décider ceux qu'émeut le sort des pauvres
femmes à tirer parti le plus promptement possible,
en leur faveur, des recherches et des études de l'é-
conomie industrielle et de la science de l'assistance !
La pensée de Béranger allait de la tristesse des mères
à l'éducation des enfants, qui a fait partout de grands
pas depuis 1815, mais qui en a tant à faire encore.
Envisageant ici le devoir de l'État dans l'intérêt même

de l'État, et ne se bornant pas à juger les écoles pri-
maires, il déclare que nous n'intéressons pas d'assez
bonne heure les jeunes âmes de nos fils au mouvement, aux joies, aux charges de la vie civique. C'est
maintenant surtout, lorsque tout homme est citoyen
actif et a le droit de suffrage, que sa manière de
voir paraît moins extraordinaire. « Inculquer, dit-il,
à l'enfance l'amour des formes et des principes éta-
blis dans la société qui l'attend, c'est donner la valeur d'une durée de plusieurs siècles aux institutions
sorties plus ou moins nouvellement des principes
qui ont exigé ces formes ; c'est faire naître une pré-
coce expérience chez les enfants qu'un nouveau régime politique a vus naître, et les habituer non-
seulement à la pratique, mais encore à l'étude
curieuse des lois qui restent à perfectionner. Nos
grands établissements d'instruction font-ils autre
chose que quelques savants et beaucoup d'écoliers?
des hommes, en sort-il un grand nombre? des citoyens, il n'en est pas question. »

Encore un rêve ou un badinage ! Non, ce n'est pas
là un rêve. Nos sociétés sont toutes jeunes [1] ; elles s'é-
tonnent de tout : elles ignorent encore ce qu'elles
ont à faire pour assurer leur avenir. Puisque le premier venu est admis à faire acte de souveraineté,
essayons de le préparer à cet acte, inculquons-lui
l'amour de la loi. Que l'électeur, que l'éligible non-

_____
[1] Il n'y a pas un milliard de minutes écoulées depuis la naissance
du Christ.

seulement sache lire, mais qu'il comprenne sa dignité et se serve bien de sa puissance.

La bourgeoisie ignore elle-même sa force. Elle ne voit pas qu'étant le bataillon sacré, recruté sans cesse dans les rangs du peuple, qui en dirige le mouvement civilisateur, elle n'a qu'à marcher toujours en avant pour n'être jamais dépassée. Ne point craindre d'aborder les questions qui se posent en philosophie, en religion, en politique, en économie sociale; ne douter jamais de la vigueur de la pensée; ne pas croire que la lumière de la raison puisse allumer jamais un incendie; ne point se faire de la noble idée d'ordre un prétexte pour le repos et la jouissance, ce qui est se ravaler jusqu'au-dessous du matérialisme des doctrines les plus grossières; ne pas professer deux morales, l'une pour les gens instruits, l'autre pour les ignorants; ne désespérer en aucun cas, si elle l'a perdue, de la liberté; ne rien négliger pour la conserver, quand elle l'a reconquise, voilà son devoir. Mais elle n'y pense pas.

Pendant que le peuple se repaît de chimères malfaisantes et oublie la France, la bourgeoisie oublie la France et saccage sa propre fortune. Elle immole, une à une, les renommées de la patrie. Au lieu de maintenir en l'air les grands noms comme des étoiles qui luisent pour tout le monde, elle éteint leur gloire, et la nuit se fait sur nos têtes. Sans doute ces hommes illustres n'ont été que des hommes et ils prêtent le flanc à la satire; mais qu'allons-nous de-

venir, si nous ne voulons plus souffrir d'hommes cé-
lèbres? si nous exilons l'enthousiasme? si nous ne
voulons plus de la grandeur?

Les Gaulois chantaient : « Nous soutenons le ciel
de nos lances. » Cet orgueil vaut mieux que notre
modestie.

Mais les heureux empires n'ont pas d'histoire!
Rien n'est moins vrai : ces empires-là dorment bien,
mais ils dorment sans rêves ; et nous ne sommes pas
nés pour être heureux de cette manière, mais pour
le bonheur de l'âme ; notre rôle est de chercher et
de marcher ; il est d'agir.

Est-ce agir que de faire ou de laisser faire des révolutions inutiles, des émeutes, du tapage ; se ras-
sasier de querelles, s'enivrer de mouvement sans
puissance?

Mais soit, nous supprimons les grands hommes.
Comptez ceux qu'une génération produit : il n'y en
a guère. C'est par eux pourtant que nous pensons,
que nous jugeons, que nous vivons. N'importe ! On les
supprime : alors nous retomberons dans la barbarie.
Qu'est-ce qu'un vieux soldat? un vieux négociant?
Retiré du tumulte fortifiant de la vie active, il est
à peine l'ombre d'un homme, tandis que le savant,
l'écrivain, le politique qui travaille malgré l'âge, ne
s'affaisse pas avant de mourir. Nous en avons de
beaux exemples : lord Brougham, pour n'en citer
qu'un, le plus actif organisateur de la science sociale
en Angleterre. Eh bien, l'humanité sans grands

hommes tombe dans la décrépitude ou dans l'enfance. Ils étaient notre cerveau; nous n'avons plus qu'un estomac.

La civilisation romaine, au temps d'Auguste, était pompeuse. Mais l'enthousiasme s'échappe des âmes sous les Césars; l'Empire croule, Rome est livrée au pillage. Cherchez dans les ruines, au cinquième siècle, le flambeau de cette civilisation brillante. Il a fallu plus de mille ans pour le rallumer, et aujourd'hui encore dix pieds d'ordures et de débris cachent le sol glorieux du Forum.

Ainsi nous péririons, malgré la fierté de notre industrie et de nos sciences, si nous laissons chasser de notre pensée l'idée de Dieu, l'idée de la patrie, l'idée de liberté, et si nous ne songeons, les uns qu'à réclamer, les autres qu'à défendre notre part de richesse.

La réalité nous divise, l'idéal nous réunit. Nous sommes épuisés par les petites passions; mais les grands sentiments peuvent nous rendre la vigueur.

Laissez dire qui ne croit pas en Dieu, qui se moque de la liberté, qui ne rêve pour l'humanité que les formes d'une société en commandite ou d'une compagnie d'assurances : c'est l'imagination qui est la flamme subtile de la raison. Elle allume en nous

> Cet espoir qui toujours finit [1]
> Et recommence;

elle nous réveillera ; elle nous sauvera.

[1] Alfred de Musset, *A mon frère.*

Béranger a douté de la puissance des vers, c'est-à-dire de l'imagination poétique, « jusqu'à ce que l'ordre dans l'égalité[1] règne enfin ; » mais il n'a consenti à rien rabattre de sa foi dans le spiritualisme appliqué à l'énergie des actions humaines.

> Au sentiment accordez quelque place [2],

dit-il à la science. D'un ton plus haut, il s'écrie :

> Il manque un homme en qui le monde ait foi.

Et on ose écrire qu'il n'a fait que flatter les mauvaises passions de la multitude ! Il a jusqu'au bout combattu le doute.

Il nie le prestige des titres et des dignités, il se rit de la hiérarchie factice ; mais la foi qu'il retire de la fausse grandeur, il la reporte tout entière sur la beauté morale. Il méprise les costumes, il admire les caractères. Il n'est point affligé de ce que la France n'a pas écrit un poëme épique comme l'*Iliade*, mais il est fier de ce qu'elle a fait, à la fin du siècle dernier, l'épopée immortelle du genre humain. Il exige qu'il y ait de l'art dans la plus petite œuvre de l'écrivain ; mais il ne veut pas de l'art pour l'art, de l'art sans mission.

Prise de n'importe quel côté, sa vie ou sa doctrine ne varie pas. Il chante Dieu et combat l'hypocrisie

---

[1] *Préface des Ch. dern.*, p. 7.
[2] Le *Savant*.

religieuse; il chante à la fois le plaisir et la modération; il introduit la raison dans la politique
sociale, mais il n'en bannit pas les nobles mouvements de l'âme. Il prend en un mot les hommes
comme ils sont, avec tous leurs désirs légitimes,
avec leurs instincts divers; et de l'étude de ces
instincts et de ces désirs il dégage une loi concilia-
trice des devoirs et des intérêts de l'humanité.

Que de plus sages que lui viennent lui jeter la
pierre! Que ceux qui ont la clef de l'avenir fassent
des plaisanteries sur sa doctrine! Mais, en attendant le succès des recettes qu'on nous vante, ayons
la simplicité de croire toujours que le respect des
belles choses et l'admiration des hommes illustres
ne peuvent nuire ni aux individus ni aux peuples.
La science nous donnera, dit-on, le bien-être du
corps; mais dans ce corps si bien nourri il faut
une âme saine.

Guérissons-nous d'abord de la plus terrible des
maladies, qui est l'effroi. Le doute disparaîtra tout
aussitôt. Nous aimerons encore Dieu, la liberté, la
patrie et l'humanité. Guérissons-nous aussi de la légèreté avec laquelle nous troublons ou laissons troubler l'ordre public. Mais, à la rigueur, c'est aux gouvernements qu'il appartient de veiller sur la rue.

Béranger méprisait également des émeutes qui
troublent la paix publique sans profit pour personne, et une sotte liberté qui n'a pas conscience
de son énergie et qui se consume en débats ridi-

cules. L'enseignement des vingt-deux années qui
vont de 1830 à 1852 ne doit pas être perdu. Nous
avons besoin, avant toute chose, non pas de divi-
niser, mais de respecter le pouvoir ; et, quand
l'Empire, soit l'ancien, soit le nouveau, ne nous
apprendrait qu'à gouverner hardiment, sans crainte
des résistances de parti, il aurait fait sa tâche.
« Napoléon, disait Armand Carrel, nous a ensei-
gné à respecter la loi. » Armand Carrel, par cette
seule parole, prouvait qu'il avait le sens politique.
Est-ce que la monarchie constitutionnelle, en 1848,
ne devait pas vaincre l'insurrection? Est-ce que l'Assemblée législative, en 1851, ne devait pas se ré-
server la force de narguer un coup d'État? Le premier devoir d'un gouvernement, c'est qu'il sache se
maintenir. Intéressons la liberté même à sa force !

Et la bourgeoisie et le peuple doivent demander que la grande Révolution française marche sans
encombre ni recul, et que les petites révolutions
d'aventure soient interdites.

Il n'y a pas de bonheur public sans la liberté, mais
il n'y en a pas non plus sans l'ordre.

Paix aux châteaux et aux chaumières ! du travail
à tous[1], de la lumière, de la raison, de la fierté pour
tous ! La cité est désormais ouverte : n'en fermons
les portes sur personne. Et que ceux d'entre nous

[1] « Souvenez-vous toujours qu'il vaut mieux assister les pauvres en
les faisant travailler que de les assister pour rien. » (MAINTENON, *Lett.
hist. et édif.*, t. II, p. 58.)

qui s'estiment contents de leur lot ne veuillent mal
de mort ni à ceux qui ne sont pas aussi bien parta-
gés par la nature ou par la fortune, ni à ceux qui
soutiennent le courage de ces déshérités; Béranger
leur peut dire, aujourd'hui encore :

> Ne soyez pas ingrats pour nos musettes ;
> Songez aux maux que nous adoucissons :
> Pour s'en tenir au lot que vous lui faites,
> Le pauvre peuple a besoin de chansons.

IV

DE LA PATRIE ET DE LA LIBERTÉ

Béranger, dans la philosophie, dans la morale,
dans la politique sociale, proscrit les systèmes et les
sectes, et proclame les vertus de la raison individuelle. Il se fie au sens commun, à condition que le
sens commun examine et se décide sans entrave. On
est bien surpris, après cela, quand on le voit traiter
comme un adversaire de la liberté.

Je ne crois pas soutenir un paradoxe en affirmant
et en essayant de montrer qu'il a parfaitement entendu ce que c'est que la liberté, qu'il a beaucoup
fait pour que la France en pût jouir, et qu'il ne l'a
nullement sacrifiée en s'attachant à maintenir toute
l'œuvre de la Révolution française. La liberté nous
deviendra de plus en plus précieuse; mais, jusqu'ici,

nous n'avons guère eu le temps d'être libres, et aux
nécessités du combat que la France régénérée a eu
à soutenir contre les rois, nous avons joint trop
souvent les désordres et les déchirements intestins.
Les deux courants d'idées de liberté et d'idées d'égalité, sortis de la source commune, n'ont pu s'épan-
cher d'une vitesse égale et d'un même flot. L'égalité
n'a plus d'obstacle à vaincre depuis que le suffrage
est universel ; mais de ce que tous nos efforts doivent
tendre maintenant à élever au même niveau le principe de liberté. il ne s'ensuit pas que notre vie pendant soixante-dix ans n'ait été qu'un tumulte à
couvrir du mépris de l'histoire.

Nous nous sommes plusieurs fois trompés, nous
avons failli à nos devoirs de peuple intelligent ;
mais enfin, sans nous jeter dans le fatalisme, nous
avons presque toujours eu une excuse de nos erreurs à donner à la postérité.

Le rôle de la France n'est pas celui du premier
peuple venu. Tel qui n'a été que patriote jusqu'à
présent peut l'avoir aussi bien compris et mieux
compris qu'un partisan exclusif de la liberté.

Béranger est le patriote par excellence. A treize
ans le bruit du canon qui fête la reprise de Toulon le
renverse fou de joie sur les remparts de Péronne. A
vingt ans, ce même canon qui tonne pour annoncer
que l'Italie, à Marengo, vient d'être reconquise sur
l'Autriche suspend, puis ranime la gaieté des chansons qu'il chante avec ses amis dans son *Grenier*.

En 1814, le canon encore (et cette fois c'est le canon ennemi, retentissant contre nos barrières) éveille en lui dans le faiseur de couplets légers le grand poëte qui s'ignorait. Il pense alors à Jeanne d'Arc, et il commence à consoler la nation, jusqu'à ce qu'il devienne son inspirateur le plus puissant. Il est mort dans toute la ferveur, disons mieux, dans la sérénité de son patriotisme, et il nous a laissé cette recommandation, qui mérite qu'on s'y arrête : « Lorsqu'une nation a pris l'initiative d'un principe, et surtout du principe démocratique, et qu'elle est dans la situation géographique où nous sommes placés, dût-elle espérer qu'elle obtiendra la sympathie des hommes éclairés chez tous ses voisins, elle a pour ennemis patents ou secrets les autres gouvernements, et particulièrement ceux qui sont dominés par une aristocratie puissante. Pour de pareils ennemis tous les moyens sont bons.

« Malheur alors à cette nation si elle voit s'éteindre l'amour qui lui est dû, et qui est sa plus grande force ! Il faut que ses fils se serrent autour de son drapeau, dans l'intérêt même du principe qu'elle a mission de faire triompher au profit des autres peuples. C'est quand ceux-ci auront conquis les mêmes droits qu'elle qu'on devra faire taire toutes les rivalités d'amour-propre et les antipathies que le sang nous a transmises. Quoi ! Français, nous n'entretiendrions pas en nous, dans l'intérêt d'une pensée généreuse qui nous a déjà coûté tant de sang, un

patriotisme que les Anglais poussent jusqu'à l'inso-
lence et la cruauté pour des profits à faire sur le thé,
l'indigo et le coton !

« Tâchons que l'amour du pays soit toujours notre
première vertu, et je le recommande surtout à nos
littérateurs, qui mieux que d'autres peuvent prêcher
cette vertu-là. »

Béranger n'en dit pas même assez, et le patriotisme, chez nous, peut aller jusqu'à se prétendre un
système de philosophie humanitaire. Les peuples ont
toujours eu un peuple pour les conduire, comme les
hommes, dans chaque État, doivent être soumis à
une autorité. L'autorité, dans un État, a toujours à
lutter contre le sentiment qui fait que l'homme est
mécontent d'obéir ; de même les peuples, qui reconnaissent tous la supériorité du génie de la France,
sont toujours disposés à nous regarder d'un œil ja-
loux. Mais ils comptent sur nous. Joseph de Maistre
a dit : « On ne peut rien faire de grand et de bon
en Europe sans la France. » C'est qu'en effet, depuis
que l'empire de Rome a péri, la France lui a succédé dans la direction de la civilisation universelle.
Notre Révolution de 1789 a légitimé et fortifié cette
influence civilisatrice. L'idéal définitif des peuples,
ce n'est point la liberté, et l'inégalité de l'Angleterre,
c'est la liberté française, que nous n'avons pas con-
ciliée encore, mais que nous saurons bien concilier
avec l'égalité. Les nations qui souffrent ne nous en
veulent pas si, à diverses reprises, nous n'avons pas

été leur porter secours; elles savent que notre cœur est tout à elles; et, dans les contradictions par lesquelles nous avons passé, elles aperçoivent un travail pénible qui doit infailliblement aboutir au salut commun. Le monde ne sera organisé que par nous, et le centre de la vie terrestre est établi pour jamais à Paris.

M. Thiers, dans son *Histoire du Consulat et de l'Empire*, a cru entrevoir dans l'avenir la prépondérance de la Russie, et il écarte avec effroi ce présage. Ce présage ne nous effraye point. L'officine des nations n'a plus de torrents à verser du Nord au Midi sur une civilisation et sur des climats inconnus. Toute la terre a été parcourue et décrite.

Quelques-uns jettent un regard inquiet de l'autre côté de l'Océan et redoutent les républiques américaines. Cette terreur est vaine encore. Nous avons seuls le dépôt des traditions de la civilisation antique avec le génie de la civilisation future. Seuls nous avons su nous dévouer sans calcul, et c'est pourquoi nous ne serons jamais effacés de la carte : c'est pourquoi, tant qu'il y aura une mappemonde, tous les méridiens partiront de notre premier méridien.

Notre patriotisme n'est donc pas outrecuidant et ridicule. Quand nous voulons que notre patrie soit grande et forte, nous sauvons l'avenir des peuples de tous les bouleversements d'autrefois, des invasions, des décadences, de l'ignorance, du désespoir.

Soyons patriotes sans rougir de l'être.

Au plus fort de la tourmente qui, en 1793 et en

1794, s'est abattue sur la France, c'était un spectacle sublime que celui de nos théâtres, à l'heure
où s'y chantait, comme sur la frontière, l'héroïque
Marseillaise.. Voyez, à la dernière strophe, un Représentant du Peuple se lever dans une loge, agiter
son chapeau aux plumes tricolores; et toute la salle,
les yeux fixés sur lui, qui attend un signal : « A
genoux ! » crie-t-il; et tous les citoyens agenouillés
chantent en chœur :

> Amour sacré de la patrie !

Que pouvaient les armées des rois contre les armées d'une nation si fière des périls qu'elle courait
pour une grande cause ? Et quelle source d'énergie
ne coulera pas encore de nos cœurs, si quelque nouveau danger public réveille les échos de cette chanson triomphante !

Ce n'est pas seulement l'histoire extérieure de
la France qu'il faut considérer au point de vue du
patriotisme, c'est son histoire intérieure. Alors les
haines de parti se taisent, et même dans nos plus
sombres malheurs nous voyons briller une lumière.
Un patriote sait que la nation n'eût pas péri, en
1799, quand même le général Bonaparte ne fût pas
revenu d'Égypte. Il sait qu'en 1814 il était inutile,
pour la sauver, de rappeler les Bourbons, et qu'elle
devait, si le joug de Napoléon lui pesait, se dispenser de le faire briser[1] par les rois ennemis. Qu'est-ce

---

[1] En 1815, Wellington s'étonnait du petit nombre des patriotes qu'il

que Napoléon pour ceux qui ne pensent pas tout d'a-
bord et uniquement à la France? Les uns ne voient
en lui qu'un chef de dynastie qui hérite, par la grâce
de Dieu, de toutes les vertus de la Révolution française; les autres le répudient comme un usurpateur
étranger. Mais les patriotes, tout en l'accusant,
l'admirent, et, dans les temps où la liberté règne,
ils font plus que l'admirer, ils l'aiment.

Les passions politiques donnent de la fatigue;
elles fléchissent quelquefois; là où elles n'abou-
tissent pas à l'apostasie, elles mènent au chagrin.
Le patriotisme ne se lasse point et ne se renie point.

Béranger, républicain de cœur et d'esprit, savait
bien que la République que nous avons eue en
France de 1792 à 1799 n'était pas une république
véritable. Les dangers du pays, la fermentation des
opinions et les mauvaises passions perdirent tout
de suite la liberté. Nous n'eûmes que des alterna-
tives d'anarchie et de dictature. La patrie fut sauvée, mais pour longtemps la forme républicaine fut

y avait alors en France. Les plus braves étaient morts; les fautes de
l'Empereur avaient réduit les autres au silence et à l'inertie. Alors
Laïs put chanter à l'Opéra les vers abjects et stupides que nous savons
(*Vaulabelle*, I, 379). Et les femmes! Ah! relisons les *Iambes* de Bar-
bier, et félicitons-nous de n'avoir pas vu ces temps-là!

Quand Béranger, maudissant l'exil de David, écrit le refrain plaintif:

> Fût-il privé de tous les biens,
> Eût-il à trembler sous un maître,
> Heureux qui meurt parmi les siens
> Aux bords sacrés qui l'ont vu naître!

il ne fait pas que protester contre le supplice de l'exil; il s'indigne
contre ceux qui n'aiment pas leur patrie.

condamnée à n'être comprise ni par la plupart de
ceux qui la désirent, ni par ceux qui la repoussent.
L'essai de 1848, à cause des imprudences commises
et du manque d'énergie ou de franchise dans le
gouvernement, n'a pas mieux réussi. Nous ne connaissons pas encore la République. Ce peut être le
mieux ordonné des gouvernements, et c'est le plus
honorable dont un peuple puisse jouir ; mais il ne
se passe ni de l'amour de l'ordre dans tous les rangs
de la nation, ni de l'esprit de fraternité, ni de la
fermeté des caractères. Dieu sait quand nous serons
dignes de le connaître.

Le 18 brumaire est une violation des lois ; mais
Béranger n'est pas le seul patriote qui l'ait jugé
nécessaire. Après le 18 fructidor et le 30 prairial,
un dernier coup d'État civil avait été préparé par
tous ceux qui comprenaient que la France avait
absolument besoin d'un gouvernement neuf, honnête et vigoureux. Si la République avait eu d'autres hommes pour remplir ses Conseils et former
son Directoire, elle n'aurait pas eu à craindre ces
conspirations d'un ordre supérieur qui ne sauvent
les États qu'en manquant de respect aux constitutions. Mais, sinon aux frontières, que la nation n'eût
alors laissé franchir à personne, du moins à l'intérieur, le péril était si pressant, qu'une violation
des lois, quoique immorale, pouvait seule nous sauver de la démoralisation [1]. Cette journée fameuse

---

[1] Voir *Ma Biographie*, p. 296.

ne coûta pas une goutte de sang, et, sous la direction du jeune héros, les destins de la patrie se relevèrent de leur abaissement. La liberté n'avait pas non plus péri tout entière; même à ceux qui sentaient qu'elle allait disparaître, il restait l'espoir de la revoir après la conquête achevée de l'ordre et de la paix.

Le Consulat reste, en dépit de nos regrets, la plus lumineuse partie de notre histoire. Au risque de dire une énormité, je crois qu'alors nous commencions à vivre, à agir, à obéir en républicains.

Béranger applaudit à l'établissement du Consulat, il versa des larmes quand l'Empire apparut. Des gens qui n'ont jamais pleuré feignent de ne rien entendre à cette manière de sentir. Elle est pourtant bien naturelle, et nous pouvons nous dispenser de lui donner un commentaire. L'âme vigoureuse du premier Consul, après avoir triomphé de tous les obstacles, était venue échouer contre les insinuations de la vanité humaine et les conseils de son entourage. Il avait été républicain convaincu, « oui, disait-il [1], républicain et patriote, » jusqu'à Aboukir; et, même en 1804, quand il préparait l'expédition de Boulogne, c'était une République [2] qu'il avait l'intention d'établir en Angleterre.

Les ennemis de la Révolution se réjouirent, pendant que les patriotes s'affligeaient de la résolution

---

[1] *Mémorial*, I, 415.
[2] *O'Meara*, p. 707.

que prit le premier Consul de monter sur un trône
héréditaire[1]. Ce n'était pas leurs applaudissements
qu'il avait recherchés, et il était assez généreux pour
comprendre la grande douleur des âmes libres.

Je maintiens, le *Mémorial* à la main, que Napoléon, Empereur et Roi, était resté républicain au
fond du cœur. « Si j'eusse été en Amérique, volon-
tiers j'eusse été un Washington couronné[2]. » Vain-
queur à Moscou, et les rois tous écrasés, il dit qu'il
aurait abdiqué. « Sylla, gorgé de crimes, l'a bien
osé. Quel motif eût pu m'arrêter, moi qui n'aurais
eu que des bénédictions à recueillir ? Mais demander de moi, avant le temps, ce qui n'était pas de saison était d'une bêtise vulgaire; moi, l'annoncer, le
promettre, eût été pris pour du verbiage, du char-
latanisme. Ce n'était pas mon genre. Je le répète,
il me fallait vaincre à Moscou. »

Jugeons-le comme s'il eût vaincu, comme si, la
Révolution bien assise en Europe et l'habitude de
respecter les lois bien établie, il eût rejeté avec
mépris son sceptre. Il n'en paraît que plus grand[3]

[1] « J'aime bien mieux Bonaparte roi que simple conquérant. Cette
farce impériale n'ajoute rien du tout à sa puissance, et tue sans retour
ce qu'on appelle proprement la Révolution française, c'est-à-dire l'esprit révolutionnaire, puisque le plus puissant souverain de l'Europe
aura autant d'intérêt à étouffer cet esprit qu'il en avait à le soutenir et
à l'exalter lorsqu'il en avait besoin. » (Joseph de Maistre, *Lettres*.)

[2] T. I, p. 211.

[3] Joseph Bonaparte, à plusieurs reprises, a affirmé que telle était
réellement le désir secret de l'Empereur.

— « Il s'est toujours cru en dictature jusqu'à la paix générale;
l'Angleterre, et non lui, l'a retardée, voilà toute la question. Napoléon

et la liberté ne lui en veut plus. C'est ainsi que Béranger l'a compris. Les patriotes aiment à croire qu'en effet sa volonté intime avait su résister aux séductions de la dictature et à la sottise des flatteurs.

Toute son action politique se développe bien d'un point de vue pareil.

Esprit trop clairvoyant pour bien augurer du désordre d'une émeute, le lieutenant Bonaparte, caché derrière un grand vase de marbre, vit avec tristesse passer les hordes qui allaient assiéger aux Tuileries le débonnaire Louis XVI. Mais en 1795, quand toutes les factions, sauf la plus hardie, manquent d'initiative, il comprend, sans l'aimer, que Robespierre représente l'autorité et l'unité d'action[1]. Au 13 vendémiaire, c'est par conviction plus que par ambition qu'il défend la Convention nationale contre les partis réacteurs qui se cachent sous le drapeau de la liberté électorale. Quand le duc d'Enghien a été mis à mort[2], le premier Consul jette ce cri : « On verra de quoi *nous* sommes capables. » Nous,

était trop éclairé pour être l'ennemi de la liberté au siècle où il vivait. » (Note communiquée pour l'édition du livre *Erreurs de Bourrienne*.)

— « Je suis fâché de n'avoir pas porté dans votre âme la conviction qui est dans la mienne. Je suis convaincu que Napoléon voulait laisser une monarchie constituée sur les bases de la représentation nationale, celle de l'égalité et de la liberté. » (*Lettre à Thibaudeau*, 19 mai 1829.)

— « Votre père avait coutume de me dire : Quand arrivera le temps où la justice seule régnera ? Quand finira ma dictature ? » (*Lettre au duc de Reichstadt*, 15 février 1832.)

[1] *O'Meara*, p. 682.

[2] Thiers, *Consulat*, t. IV, p. 608.

c'est la Révolution, la Convention, l'énergie de la
France. On ne doit pas laisser de côté cette parole
révélatrice des secrets sentiments de Bonaparte. Il
ne faisait pas le roi quand il la laissait échapper.
L'un des codicilles de son testament est empreint
de la même passion vigoureuse : c'est l'article qui
lègue 10,000 fr. au sous-officier Cantillon.

Tout bien étudié, Napoléon n'a pas usé du despotisme par plaisir : il a eu son dessein. Seulement
les conseillers courageux lui ont manqué. On ne lui
a pas rappelé son devoir quand il l'oubliait, et c'est
là ce sur quoi il faut gémir [1].

Une partie des conventionnels de 1793, épuisés
sans doute, s'endormirent au Sénat. Ils sont coupables de toutes les fautes qu'ils laissèrent commettre.
C'est en voyant leur affaissement, que Napoléon ne
tint plus compte des hommes. Ils avaient appelé
Louis XVI un tyran, lorsqu'ils firent tomber sa tête,
et ils n'osèrent pas broncher sous l'Empereur. Ils
avaient dressé l'échafaud pour la vieille noblesse, et
ils voulurent être barons et comtes. Plus tard quelques-uns abandonnèrent l'Empereur pour être faits
marquis par Louis XVIII. Quelle peur quand Mallet fit

[1] « Les éloges donnés à Napoléon pour avoir mis un terme aux
menées révolutionnaires et soutenu les trônes chancelants sont en
contradiction directe avec ceux qu'il s'est donnés lui-même ou qu'il a
reçus de ses partisans, comme étant le vrai messie des principes de la
Révolution, dont le nom ne fait qu'un avec le sien et qui sera signalé
sous ce point de vue par la postérité. » (Walt. Scott, *Histoire de Napoléon*, VI, 386.)

sa tentative ! Ils allaient avoir affaire à la liberté qu'ils trahissaient, ou plutôt dont ils n'avaient jamais tenu compte. Lorsque, vers la fin, l'Empereur parut, à force d'entreprises, mettre en péril l'Empire et leurs positions, n'y eut-il pas des pourparlers pour se débarrasser de lui ?

Quelques-uns de ces régicides, qui se firent si souples sous la main du maître, se sont tardivement indignés de leur servilité et ont signalé son génie asiatique au dédain de l'Europe. Ce n'était pas aux sénateurs qu'il appartenait de tenir ce langage.

Quand Béranger dit de Napoléon : « Paoli l'avait bien deviné : c'était, sous beaucoup de rapports, un héros de Plutarque ; aussi restera-t-il , je l'espère, le dernier et peut-être le plus grand des hommes de l'ancien monde qu'il aimait à refaire, » il exprime un jugement exquis sur cet acteur incomparable de la plus hardie des épopées. « Cette vieille Europe m'ennuie, » a murmuré quelquefois le conquérant. Ou encore : « J'aurais mieux fait de ne pas quitter l'Égypte. L'Arabie attend un homme ; avec mes Français en réserve et les Arabes comme auxiliaires, j'aurais été le maître de l'Orient. Les Indes seraient à moi. Les Français ne m'ont pas compris. »

Sans prétendre pousser au delà de ce qu'ils signifient ces caprices du génie d'aventure, nous pouvons y voir le signe d'une nature qui, pour nos âges, gardait une trop grande part de ce qui autrefois faisait le demi-dieu des fables. Napoléon , une fois victorieux de l'ennemi et des lois, une fois adulé et adoré dans sa cour, ne put se contraindre au travail d'un chef de peuple moderne. Il fut enivré par les fumées de l'héroïsme antique; il ne vit plus qu'un monde dramatique à émouvoir; il voulut nourrir incessamment la nation d'une gloire nouvelle, et il entra en Espagne, il créa des ducs, il passa le Niémen. Le sentiment épique le perdit.

Bonaparte, premier consul, jugeait moins poétiquement et plus civiquement les affaires de la patrie et du monde.

Personne n'a été plus sévère que l'Empereur pour les défauts de l'Empire. Il n'a point nié qu'en 1804 le premier consul, montant au trône, dut écarter d'anciens serviteurs de la République qui valaient autant ou plus que bien des généraux dont la fortune s'accrut avec la sienne. On s'est indigné naguère du ton léger avec lequel les *Mémoires du duc de Raguse* parlaient d'un grand nombre de personnages. Napoléon les a bien plus maltraités, sous le rapport de la probité [1] (mais il avoue qu'il ne pouvait guère sévir,

[1] V. le *Mémorial* (I, 555), les *Souvenirs de Montholon*, la Correspondance.

« Ne me parlez pas des généraux qui aiment l'argent; je n'en finirais pas si je vous disais tout le sang qu'ils ont coûté à la France. » (*Month.*, II, 404.)

« J'aurais pu faire fusiller tous mes généraux en chef; il n'y en a pas un qui ne l'ait mérité; c'est leur pillage qui m'a fait perdre l'Espagne, à l'exception toutefois de Suchet, dont la conduite fut exemplaire. » (*Month.*, II, 106.)

une fois Empereur ¹) et sous le rapport du talent ². Il
reconnaît que les généraux de la République étaient
supérieurs à ceux de l'Empire ³. Sous l'Empire même,
il dit que les meilleurs n'ont pas pu toujours parvenir,
et que Drouot, par exemple, l'emportait sur presque
tous les maréchaux ⁴. Il ne ménage pas son mépris
pour le plus marquant des traîtres qui ont fait cause
commune avec les ennemis de l'Empire, pour ce
Murat, que la France avait élevé d'une écurie jusqu'à un trône, et qui ne pouvait pas dire, comme
Bernadotte, qu'il n'en voulait qu'à l'Empereur.

Napoléon ne fait pas de la popularité ⁵ plus de
cas qu'elle ne vaut. Il a d'admirables paroles pour
regretter l'argent perdu en fêtes inutiles ⁶. Et quant
à la faute capitale de son règne, à celle qui a pu faire
croire qu'il manquait à sa mission, nul ne la déplore
avec plus d'énergie ⁷. « Je n'hésite pas à prononcer
que mon assassinat à Schœnbrunn eût été moins funeste pour la France que ne l'a été mon union avec
l'Autriche. »

On n'a pas le cœur d'éplucher sa vie et la facilité
avec laquelle les courtisans lui firent croire que la

¹ *Mémorial*, I, 574.
² Un jour Berthier, « véritable oison que j'avais fait une espèce
d'aigle. » (*Mémorial*, 1, 417.) Victor, un autre jour (*O'Meara*, p. 657).
³ *Mémorial*, I, 553.
⁴ *Ibid.*, I, 747.
⁵ *Ibid.*, I, 247.
⁶ *Ibid.*, II, 39.
⁷ *Ibid.*, II, 103.

Révolution ne datait que de son règne, quand on le voit tout prêt à s'accuser ainsi de ses erreurs.

Il y a cependant un acte qu'il est difficile d'approuver et même de comprendre : c'est quand il livre Venise à l'Autriche au traité de Campo-Formio.

Mais la chute de l'Empire a puni assez cruellement Napoléon. Avec quelle amertume il put voir que les grandes vertus civiques avaient été amorties sous son règne, et qu'il laissait la France amoindrie sur la frontière et appauvrie de sang généreux et de patriotisme ! Il avait voulu être l'unique penseur de la nation : il tombe; et, comme dans ces appareils électriques qui distribuent l'heure à des cadrans postiches, dès que le moteur ne marche plus, de toutes parts les aiguilles s'arrêtent. Cette leçon ne peut être perdue, et, quand Napoléon s'accuse, c'est pour que ses aveux servent à quelque chose.

Béranger n'est jamais tombé dans cette adoration servile qui sacrifie à la mémoire, à l'ombre d'un seul homme, le courage, le génie, le sang de nos pères [1], et qui encense, sans s'occuper de la patrie, cette gloire faite de notre gloire. L'ancien Recueil est plein de traits qui s'attaquent au despotisme et à la monarchie impériale. Les *Dernières Chansons*, pour n'extraire qu'un distique, disent que Dieu l'a fait mourir sur le rocher de Sainte-Hélène,

---

[1] « C'est Bonaparte, disait-on à Sieyès, qui a le premier salué la France du nom de grande nation. — Soit, répondit-il; mais nous l'avions faite nation à l'Assemblée constituante. »

Pour le punir d'attarder dans sa route
L'humanité qu'éblouit son drapeau [1].

C'en est assez dire. Mais il comprenait la parole
lancée par le captif sur ceux dont il prévoyait les
critiques : « Ils mordront sur le granit, » et ce n'était
pas seulement sur la folie ou sur l'ignorance des
peuples qu'il voyait sa renommée assise. L'admiration des siècles est enchaînée au pied de cette renommée universelle; et, dans l'impuissance où nous
sommes de la diminuer, nous devons être assez
sages pour vouloir la bien comprendre et la faire
comprendre. La légende a fait un Napoléon idéal :
c'est ce Napoléon qu'il a chanté, pour honorer le
sacrifices de la France, pour la consoler de ses
défaites lorsqu'elle était humiliée, et non pour le
stérile plaisir de mettre les rois révolutionnaires
au-dessus des rois de l'ancienne monarchie.

Je plains ceux qui n'arrivent définitivement pas à
s'expliquer ce genre d'opinion politique. Ils voient
les choses dans un bien menu détail !

Voici comment Béranger a exprimé ce qu'il pensait des événements de 1814 :

« Mon admiration enthousiaste et constante pour
le génie de l'Empereur ne m'aveugla jamais sur le
despotisme toujours croissant de l'Empire. En 1814,
je ne vis dans la chute du colosse que les malheurs

---

[1] Il y a loin de ces vers au système qui regarde la liberté politique
comme un obstacle pour le progrès de la civilisation.

d'une patrie que la République m'avait appris à adorer. Au retour des Bourbons, qui m'étaient indifférents, leur faiblesse me parut devoir rendre facile la renaissance des libertés nationales. On nous assurait qu'ils feraient alliance avec elles ; malgré la Charte, j'y croyais peu : mais on pouvait leur imposer ces libertés. Quant au peuple, dont je ne me suis jamais séparé, après le dénoûment fatal de si longues guerres, son opinion ne me parut pas d'abord décidément contraire aux maîtres qu'on venait d'exhumer pour lui. »

On lui proposait de faire des chansons payées pour les Bourbons. « Qu'ils nous donnent, répondait-il, la liberté en échange de la gloire, et je les chanterai pour rien. » En 1815, c'est autre chose. « Dans les Cent-Jours, a-t-il dit, l'enthousiasme populaire ne m'abusa point : je vis que Napoléon ne pouvait gouverner constitutionnellement. »

Mais la cause de l'indépendance nationale était en péril ; et, après Waterloo, Louis XVIII n'était plus le restaurateur de la liberté. Napoléon à Sainte-Hélène, pour quiconque aimait à la fois la patrie et la liberté, devenait l'image de la France mise en croix [1].

---

[1] S'il est vrai qu'il ne soit revenu, comme il l'a dit[*], que pour empêcher l'élévation au trône du duc d'Orléans, l'ambition personnelle gâte cette action. Du reste, Napoléon n'a point caché que son retour de l'île d'Elbe contraignait Louis XVIII[**], en juillet 1815, à refaire l'an-

[*] Month., I, 223.
[**] Mémorial, I, 279.

L'erreur qu'on prétend voir aujourd'hui dans l'u-
nion de ceux qu'on appelait alors les libéraux et du
parti purement bonapartiste se reproduirait demain
dans un cas semblable, parce que cette erreur est
une vérité de sentiment et une nécessité politique.
Béranger ne refuse pas d'encourir la responsabilité
de ses chansons et de ses actes. « Le parti légitimiste,
dit-il, qui m'a toujours jugé, comme auteur, avec
une extrême bienveillance, m'a accusé d'avoir contribué plus que tout autre écrivain au renversement
de la dynastie que nous avait imposée l'étranger.
Cette accusation, je l'accepte comme un honneur
pour moi et comme une gloire pour la chanson.
Pour la lui obtenir, on ne sait pas tous les obstacles
que j'eus à vaincre. Combien de fois n'ai-je pas été
obligé de lutter contre les chefs du parti libéral,
gens qui eussent voulu me faire accepter leur tutelle
pour m'astreindre à leurs combinaisons timides ! »

Béranger n'était pas sans doute un libéral, à la
façon des Anglais, avec des préjugés gothiques ; il
ne comprend pas non plus la *liberté sans limites*
de M. de Girardin ; il ne s'explique pas aisément

---

cien régime. Aussi, après Waterloo, voyant que la patrie était dans un
grand danger, et que la Chambre des députés était jouée par le gouvernement provisoire, il ne devait pas se retirer de la lutte. Là
peut-être est le moment où il a le moins bien soutenu sa renommée.
Le regret l'a bientôt pris à Sainte-Hélène. « Ah ! quel malheur que je
n'aie pu gagner l'Amérique ! De l'autre hémisphère même, j'eusse
protégé la France contre les réacteurs*. »

   * *Mém.*, I, 435.

qu'on puisse introduire « dans un pays d'égalité le
système anglais monarchique représentatif, qui, »
selon lui, « ne peut se passer de l'appui d'une caste
privilégiée : » mais il croit que ce sont les hommes,
plus que les principes, qui ont manqué à ce gouvernement tel qu'on l'a entendu jusqu'ici[1] ; il n'a pas
fait une opposition systématique à la Restauration,
tant qu'elle paraissait représenter la liberté rétablie
en France[2] ; après les journées de Juillet, il se regarde comme satisfait, si on se sert de la Charte
nouvelle pour marcher en avant[3], et il loue même,
dans *Ma Biographie*[4], le ministère de Casimir Pé-
rier.

Sa Correspondance, qui va paraître, dira s'il n'aima
point et ne comprit pas la liberté politique et s'il ne
crut pas à sa nécessité comme à sa fécondité.

> Le conquérant des sceptres de la terre
> Pour successeur choisit la liberté.

Napoléon, nous l'avons dit, y croyait également.

Au temps même de l'Empire, si, dans ses mauvais moments, il surveillait avec une jalousie singulière le langage de ses timides journaux, s'il
écrivait cette note : « Toutes les fois qu'il parvien-

---

[1] *Notes inédites*, n° LXXVII.

[2] Voir le *Bon Français* et les *Notes inédites*, n° XXXIV.

[3] Une fois qu'on a reconquis le principe gouvernemental pour lequel
on a combattu, il est naturel que l'intelligence éprouve le besoin d'en
faire l'application au profit du plus grand nombre. » (*Préface de* 1833.)

[4] P. 398, note.

dra une nouvelle défavorable au gouvernement,
elle ne doit-point être publiée, jusqu'à ce qu'on
soit tellement sûr de la vérité, qu'on ne doive plus
la dire, parce qu'elle est connue de tout le monde, »
il faisait part, une autre fois, à Fontanes, d'une
réflexion qui l'occupait : « Fontanes, savez-vous ce
que j'admire le plus dans le monde ? C'est l'impuissance de la force pour organiser quelque chose. Il
n'y a que deux puissances dans le monde : le sabre
et l'esprit. A la longue, le sabre est toujours battu
par l'esprit. »

Il louait les anciens de ce que leurs hommes d'É-
tat étaient des philosophes ou des écrivains[1], et il
recommandait la monarchie tempérée aux générations à venir[2].

Et à Sainte-Hélène, il a poussé une plainte qui
égale en vigueur toutes les déclamations qu'on
peut faire en faveur de la liberté de la presse. « Les
Turcs ont raison : mieux vaut être couché que de-
bout, mieux vaut être mort que couché, quand on
est condamné par la fortune à toujours comprimer
sa pensée[3]. »

Béranger désirait, sans la craindre, la liberté
illimitée de la presse; et l'on se rappelle ces vers :

> La liberté, nourrice du génie,
> Voit les beaux-arts pleurer sur son cercueil.

[1] *Mémorial*, I, 402.
[2] *Mém.*, I, 243; II, 413.
[3] *Month.*, II, 196.

Qui va d'un joug subir l'ignominie
A de son vers d'avance éteint l'orgueil.
Réponds, Corneille, oserais-tu revivre?
Et toi, Molière, admirable penseur [1]?

Épris tour à tour de liberté et de gloire (et non
de gloriole), Béranger a cherché en vain, toute sa
vie, la liberté glorieuse et la gloire libre. De 1792
à 1815, nous avons été des héros, mais non des
sages. De 1815 à 1830, nous n'étions que des vain-
cus. De 1830 à 1848, nous avons été libres, mais
sans énergie, sans grandeur, également insoucieux
de toucher au problème de l'organisation intérieure
de notre société et au problème de l'organisation
extérieure des nations. En 1848, un éclair d'enthousiasme traversa les belles âmes. Nous allions
entrer enfin dans la plénitude de notre fortune
française. Hélas! le peuple a parodié sur-le-champ
les insurrections de 1793 et de 1794.

Ce ne peut être que par ironie que M. Proudhon
appelle « chevaleresque » la République de 1848. Si
elle avait été chevaleresque, si elle avait moins
parlé et plus agi ; si, au lieu d'ébranler les peuples
et de ne les point soutenir, elle avait résolûment
tenté d'imposer à l'Europe, pour le bien de l'Europe,
le traité de Westphalie du dix-neuvième siècle, nous
n'aurions pas eu à nous ronger un cœur où le sang
affluait alors en abondance, et ce noble sang français, ivre de vie et d'audace, n'aurait pas tourné,

_____
[1] 1822, le *Censeur*.

faute d'issue, en apostème. Oui, nous avons souffert pendant quatre ans des maux misérables ; nous
nous sommes querellés, nous nous sommes battus
entre nous, quand nous devions, d'un effort unanime, pousser les destinées du monde sur le grand
chemin de l'avenir. Les traités de 1815, dont nous
rougissons, nous nuisent moins à nous qu'ils n'arrêtent la civilisation européenne. J'en atteste l'un
des prophètes de l'école catholique et monarchique,
M. de Bonald[1] : « Non, ce n'est pas à la France
qu'il importe d'aller jusqu'au Rhin ; les habitants
de l'ancienne France n'en seront ni plus ni moins
heureux ; son gouvernement n'en sera ni plus ni
moins stable et fort ; c'est pour l'Europe que cette
mesure politique est nécessaire, parce qu'alors, et
seulement alors, la France sera utile à tous les
États, et ne sera dangereuse pour aucun. La France
serait au repos comme une arme détendue, et
toute l'Europe y serait avec elle et par elle. »

Mais ces traités, le manifeste de Lamartine les a
déchirés ! Oui, par métaphore. S'ils n'existent plus,
notre frontière orientale est couverte ; la trouée de
Béfort ne nous inquiète pas ; les fortifications d'Huningue sont reconstruites. C'est ce qu'il faut voir.

Le temps des conquêtes dangereuses pour la liberté et des guerres inutiles ne reviendra pas. On le
dit, et nous voulons le croire. Mais la carte d'Europe,
sans sortir de notre ancienne terre, est-elle peinte de

[1] *Réflexions sur l'intérêt général de l'Europe* (1815).

couleurs et divisée en circonscriptions immuables?
Pas un Italien ne consent à le penser. Et la péroraison du *Prince* de Machiavel condamne à une édition
nouvelle, dont la date eût pu être fixée en 1848, tous
nos atlas et toutes nos géographies. Cette péroraison
protége la mémoire du politique florentin. La
voici : « Que l'Italie, après une si longue attente,
voie enfin paraître son libérateur ! Je ne puis trouver de termes pour exprimer avec quel amour, avec
quelle soif de vengeance, avec quelle fidélité iné-
branlable, avec quelle vénération et quelles larmes
de joie, il serait reçu dans toutes les provinces qui
ont tant souffert de ces inondations d'étrangers ! Y
a-t-il quelqu'un dont la domination des barbares ne
fasse bondir le cœur? » Vive l'Italie ! et salut à cette
monarchie piémontaise qui lui réserve un chef au
jour du combat !

A l'autre bout de l'Europe une guerre qui a montré ce qu'on peut attendre de la patience et du courage de nos soldats n'a pas à jamais réglé le sort
du futur empire grec et de la Turquie décrépite. La
Pologne s'opiniâtre, dans un tombeau fermé depuis
cent ans, à ne point mourir. Je ne parle ni de l'Inde
ensanglantée, ni de la Chine, dont le sol fermente
et s'ouvre. Quel est le peuple moteur des peuples?
Vers quel peuple les peuples affligés lèvent-ils les
mains? Quelle est la nation qui, orgueilleuse de ses
peines, a pris pour devise : *Gesta Dei per Francos?*
C'est à nous, et à nous seuls, d'organiser un jour,

demain peut-être, l'Europe et le monde entier.

Napoléon, sur sa route, s'est arrêté et égaré ; mais il était parti en 1796, en 1800, en 1805, pour la guerre définitive, et, si l'admiration des peuples lui a voulu demeurer fidèle, c'est que les peuples ne savent pas pourquoi il n'a point suivi jusqu'au bout son chemin. Ils partagent l'illusion vivace et l'espoir de Béranger. Plus que nous encore, ils gémissent de nos discordes. Aucun d'eux, nulle part, n'a peur pour la liberté, et aucun d'eux, si la France le voulait, n'aurait peur de nos armées. Depuis 1789, le drapeau tricolore s'appelle partout l'arc-en-ciel de la liberté.

Patrie et Liberté ! Sous cette seule enseigne, nous dictons des lois à l'histoire reconnaissante. Et c'est pour avoir chanté en vers dignes d'elles la liberté et la patrie que Béranger est immortel.

Poëte, philosophe, citoyen, il n'y a encore eu personne, dans l'histoire des lettres, pour mériter sa triple gloire. Et quel honnête homme a-t-il été ! Quelle charité modeste ! quelle gaieté vigilante ! quel désintéressement, jusqu'au bout soutenu, n'a pas recommandé, autant que son génie, son souvenir ! Il ferait beau voir que l'inclémence des temps rendît la France oublieuse et ingrate ! la postérité, qui saura être libre, en rougirait pour nous.

FIN

PARIS. — IMP. SIMON RAÇON ET COMP., RUE D'ERFURTH, 1.